1

"ÁLLOS"

JONATHAN HERMOSILLA AMTHAUER©

09 DE ENERO DE 2021

PRÓLOGO

En el año 2050 integrantes de la Sociedad Secreta para el Avance de la Ciencia rapta a un grupo de personas del país de Állos, expertas en experiencia extracorpórea, y los envían en una nave espacial y tripulada a un exoplaneta para vivir en un enclaustro sin salida, y estudiar los artilugios de sus sueños astrales; levantando los cimientos de: ¿Cómo podría funcionar la teletransportación humana?

Introducen escáneres de resonancias en 3D en sus camas, registrando desde el planeta tierra el funcionamiento total de sus sueños.

Johan, Emanuel, Guillermo, Kris, Meier, Octavio, Zoe y Suki descubren rápidamente la verdad, rehusando dormir en sus camas, y luego de dos semanas, Johan, encuentra una puerta de salida, creada por los Dioses en un sueño lúcido astral.

Los Investigadores fracasando en su intento de averiguar el principio de funcionamiento de la teletransportación, y por temor a que estos revelen a la sociedad secreta, acuden a matarlos a la brevedad.

Los revelados segundos antes de ser matados, logran evadir la seguridad en un sueño lúcido astral colectivo, trasladando sus cuerpos físicos a la tierra mediante la santificada nebulosa, entretanto los investigadores mueren a causa de un misterioso incendio que acaba con todo el enclaustro y el centro de estudio en la tierra.

2

Todos los miembros de la Sociedad Secreta son capturados por la policía, condenados a la pena máxima por secuestro, y violación del código de Núremberg.

Los cautivos una vez liberados reflexionan en cómo los sueños, son los verdaderos alteradores de la realidad.

CAPÍTULO UNO

"EL ARROBAMIENTO"

EN BÚSQUEDA DEL FUNCIONAMIENTO DE LA TELETRANSPORTACIÓN HUMANA

Investigadores de la Sociedad Secreta para el Avance de la Ciencia busca en Állos a ocho maestros en experiencia extracorporal, con la capacidad de proyectar sus cuerpos astrales por inextinguibles partes del universo para ser llevados en una súper nave espacial y tripulada al exoplaneta KOI-7665.02, logrando descubrir cómo acoplar su cuerpo físico a su cuerpo astral.

POR QUÉ A 5 MILLONES DE AÑOS LUZ

Argumentan que, expuesto su cuerpo astral en un planeta a cinco millones de años luz de distancia; amplificarlo hacia la tierra al momento justo de desintegrarse o despertar su cuerpo físico, tendrían el tiempo necesario para replicar su mecanismo de integración.

CÓMO ENCONTRARON A LOS SUJETOS

A fin de no levantar sospechas, tres años antes, inventaron un supuesto censo, en nombre del gobierno, para evaluar la calidad del sueño con los habitantes del país.

El formulario constaba de tan solo 2 preguntas: — ¿Usted cómo calificaría la calidad de su sueño? y — ¿Usted tiene la habilidad de proyectar su cuerpo astral?

3

Una vez encontrado los individuos perfectos para llevar a cabo la investigación, procedieron a seguirlos; violando su privacidad.

CÓMO ES EL ENCLAUSTRO

El enclaustro llamado KOI-7665.02 homónimo del exoplaneta, fue construido cinco años antes de llevar a los soñadores astrales, en mitad del planeta oceánico.

Su superficie puede cobijar a un total de diez personas, y contiene: 16 paneles fotovoltaicos de 1000 kW, aire acondicionado industrial, 30 cámaras ocultas inalámbricas de visión nocturna, 50 leds de alta potencia, 8 habitaciones con spás privados, 8 escáneres de resonancias y electroencefalografía en 3D (ERMFEG3D), 1 impresora en 3D de alimentos, 1 comedor, 1 biblioteca, 1 gimnasio, 1 centro de lavado industrial, y todas las áreas cuentan con 10 sofás.

ESCÁNERES DE RESONACIA MAGNÉTICA Y ELECTROENCEFALOGRAFÍA EN 3 D

Además de registrar y medir los patrones de ondas cerebrales, el ERMFEG3D, muestra al soñador astral en la región exacta que está soñando, con quien está hablando, y si puede por ejemplo: hacer sonar una cítara real o conversar con seres, completamente, despiertos; conociendo todos los procesos experimentados por un soñador astral, es decir: desde el sueño ligero, sueño delta, sueño paradójico, y su despertar.

El ERMFEG3D será monitorizado por los 10 científicos principales de la organización, operando desde una casa oculta, en una zona residencial de Állos.

EXOPLANETA KOI-7665.02

El planeta elegido está ubicado en la constelación de Centauro, es una súper tierra, completamente, oceánica, a una distancia de cinco años luz de nuestro planeta. Se encuentra en un sistema estelar triple; el tercero con respecto a la distancia de su estrella, en un sistema formado por al menos siete planetas.

Tiene un ambiente similar a la tierra, su temperatura es, ligeramente, inferior, la luminosidad es el 90 % de la que recibe nuestro planeta; no tiene rotación alguna, por lo cual el enclaustro se ubicó en una amplia zona de crepúsculo donde las temperaturas son ideales para la vida.

ÁLLOS

Állos, (proviene de Álos que es un término de la lengua Alloséntrica que significa "diferente") es un país pequeño, ubicado en el centro de Europa oriental; limita con Inctus en el norte e ÍA en el sur. Su clima es lluvioso, y su población es de 500.000 mil habitantes.

Geográficamente está en forma encajonada, entre cinco cerros de 3000 m de altitud: cerro Igía, cerro Phila, cerro Zes, cerro Enía y cerro Urus, y emplazada en la fluidez del río Entus. Zonas en las cuales se asentaron los primeros habitantes de Állos, provenientes del norte de ÍA, y que da Refugio a numerosas especies, vegetales y fauna; alóctona y autóctona.

Állos tiene una importante plaza libre en la que destaca su catedral, con una gran portada gótica e iluminada por un juego maravilloso de vidrieras y rosetones. Se encuentra además la plaza del palacio y el museo de la memoria histórica; los que abarcan más de 4000 objetos con colecciones, las cuales incluyen toda su historia como país desde siglos pasados.

EL ARROBAMIENTO

La Policía Secreta de la Organización Anónima tenía identificado el trayecto de cada uno de los soñadores astrales los días lunes (el día que tenían planificado el rapto). Contaban con el PIN de todos sus IPhone; en consecuencia poseían basta información para esperarlos en el lugar correcto.

Actuaron con 8 policías, uno por cada alma (también expertos en experiencia extracorporal); encapuchados y con guantes de poliamida para no dejar rastros ni huellas dactilares.

Al instante de hallarlos en la zona, solitarios, se les sujetó con fuerza, colocó una faja en la vista, incautados sus teléfonos móviles, atados de manos, y sumistrada una alta dosis vía intramuscular de la droga llamada Escopolamina para reducir sus voluntades y borrar de sus recuerdos el enajenamiento. Luego de mitigarlos a piacere, fueron desatados y transportados en un minibús Hyundai H1 color negro Vantablack.

Se dirigieron a un poblado oculto a unos 20 km al sur de ÍA y transbordados al puerto espacial, resguardados por veinte Agentes Secretos.

A las doce de la noche, en tinieblas, fueron metidos a la nave; tres conducirían el bajel.

La presión de los gases de combustión del motor, ya estaban a máxima temperatura, y los tanques de combustibles consiguieron la suficiente energía cinética para que los gases expelidos se expandieran a través del tubo propulsor, llegando a la abertura y provocando el movimiento hacia arriba por reacción de la súper nave espacial tripulada.

El traslado se prolongó por dos días, recorriendo 2,5 años luz por jornada, y cada dos horas era sumistrada una nueva dosis de Escopolamina.

Llegados al exoplaneta KOI-7665.02 la súper nave abrió su fuselaje de casco, amerizando directamente en el mar, al lado de las puertas; fueron ingresados a la ergástula y acostados en sus habitaciones privadas. Luego los tres pilotos cruzaron el mar; unas doscientas millas hacia el lado oscuro, en el cual la Sociedad Secreta posee un puerto espacial y oculto para los regresos al planeta tierra.

CAPÍTULO DOS

"SUEÑO LÚCIDO ASTRAL COLECTIVO"

JOHAN

6

Tiene 30 años y fue el tercer hijo de un matrimonio Holandés que emigró a Állos; su padre trabajaba en una Mina de carbón.

Su rostro es anguloso, sus ojos son hundidos color cerúleo; usa gafas ópticas cuadradas y grandes, su pelo es rubio claro y corte cónico largo; su piel es muy blanca y bien afeitada; su cuerpo es delgado y estilizado. Usa camisas a cuadros de algodón, corbatas tejidas; Blazers azul marino, y siempre anda con su cámara fotográfica en mano, una Sony A660.

Desde chico es aficionado al arte y a los libros oníricos; a la edad de veinticinco años ya era todo un artista visual exitoso e instructor en sueños lúcidos astrales, su mentor fue un sabio y viejo gurú de Állos.

Es un joven solitario, amante del teatro, y suele beber absenta en las noches. Le gustan los autos; destaca entre su colección: un Pontiac Firebird color rojo merlot y un BMW M1 color negro azabache.

KOI-7665.02

Soñado por Johan

El enclaustro mide 500 m de largo y 500 m de ancho, 6 m de altura con dos puertas de aluminio, una hacia el norte y la otra hacia el sur; un gran pasillo en el centro y piso de porcelanato color beige.

Los muros y la fachada fueron edificadas con mármol importado, el acabado de toda la obra, incluido los muebles, fueron hechos con maderas nobles como: rosa morada, primavera machiche, granadillo y jabín.

Los dormitorios están en costados del pasillo, equipados con su baño independiente, y un vestidor con centenas de trajes a la medida.

En el extremo derecho sur está la cocina, y el comedor con sus electrodomésticos de gama tan alta que, no necesitamos salir a buscar comida; lo que deseamos llega a nuestros platos en segundos por una gigantesca impresora de comida en 3D de unos 6 m de largo y 2 m de ancho. Esto nos deja boquiabiertos — ¿quiénes cómo y cuándo inventaron esta máquina?

Al lado izquierdo está el gimnasio totalmente equipado, y en el centro, al lado de la puerta, está la lavandería con 6 lavadoras automáticas y 6 secadoras eléctricas de 35 kg de carga, marca Panasonic.

En el extremo norte a la derecha está la biblioteca, con una estantería gigantesca; más de mil libros encuadernados en piel de cerdo blanco y papel de moneda, más 1 sala de estudio. A la izquierda está la sala de estar; cada estancia es amplia y bien distribuida.

Sobre la cumbre del faro hay enormes y potentes paneles solares, y en la cubierta hay 50 arañas de cristal Led de lujo, las cuales nunca se apagan e irradian una maravillosa luz de 90 kW de potencia.

La altura de la residencia es colosal parece un fidedigno rascacielos, aderezado a un sofisticado aire acondicionado automático en las tapias y azotea, el cual también nos proporcionan agua potable.

La temperatura fuera del cautiverio es muy similar a la de la tierra, proveniente de los tres soles rojos existentes, sin existencia de lluvia ni un día ni una noche, solo un eterno crepúsculo.

Somos seis hombres y dos mujeres, sus nombres, edades y ocupaciones son: Emanuel tiene 50 años de edad, y es Evangelista. Guillermo tiene 45 años de edad y es el Presidente de Állos. Kris tiene 25 años de edad, y es Estudiante. Meier tiene 56 años, y es Empresario. Octavio tiene 37 años, y es Bibliotecario. Zoe tiene 27 años, y Trabaja en un Restaurante y Suki tiene 30 años, y es Secretaria.

Nunca antes nos habíamos visto (excepto al presidente por televisión), y todos contábamos la misma historia acerca de nuestro exilio; minutos antes estábamos solos en un lóbrego lugar de Állos, a las siete de la tarde y súbitamente ya estábamos en este otro planeta.

Teorizábamos acerca de nuestra existencia en aquel desolado planeta, creíamos que éramos parte de un experimento científico para estudiar los sueños humanos, monitorizados con escáneres de resonancia insertos en nuestras camas; aún no teníamos la certeza, sin embargo, rehusamos a dormir en las cápsulas.

Además todos compartíamos una cosa en común: la experiencia extracorporal y su potestad general; también la biblioteca solo contiene libros sobre viajes astrales.

Al quedarnos dormidos nos elevamos hasta tocar las estrellas en nuestro mundo astral, luego al despertar de nuestro sueño, perseguimos el hilo de plata de una historia insensata que cada día nos daba pistas racionales, acerca de la salida y la cruel verdad escondida en este lugar.

Emanuel, Kris, Octavio, Meier, Guillermo y Zoe no durmieron el primer día en el cautiverio, caminando como maniáticos en mitad de un ataque; uno de estos arranques de demencia terminaron con Octavio lanzándose a lo profundo del mar, heroicamente, rescatado por Meier.

Nos atormentaba no poder salir de allí, no saber por qué estábamos ahí; extrañábamos todo nuestro planeta tierra, yo en especial mi cámara fotográfica, pero todos estábamos en shock.

La primera semana en la búsqueda de establecer destinos, Emanuel y Guillermo rezaban juntos, mientras Meier y Octavio hicieron un bote con un par de muebles para salir de expedición; al volver nos dijeron que afuera no había más que mar en todas direcciones: frío y oscuridad total hacia el norte y calor insoportable, y superlativo hacia el sur. Zoe y Suki estuvieron varios días sin poder esbozar ni una sola palabra, mientras yo meditaba en mis cartas astrales.

EMANUEL

Tiene 50 años de edad, nacido en Állos, el segundo de tres hijos de un matrimonio de jóvenes predicadores. Su padre murió cuando Emanuel cumplió 5 años de edad; su madre se casó con otro apóstol que continuó la perspectiva de su difunto esposo.

Su padre adoptivo le infundió desde pequeño el estilo de vida del protestantismo; de joven Emanuel fue designado como consejero y líder evangelista en una congregación de Állos, luego avanzó en su gestación ministerial como evangelista en la universidad, y tomó un curso sobre proyección astral.

Su vida es la de un evangelista nato; entregar la palabra de Dios a la persona que ve en la calle, por lo cual su Iglesia siempre está llena de miembros, y es la más grande de Állos. Se divorció de su esposa, debido a su comportamiento excéntrico (algunos creen que está loco); fruto de este matrimonio tuvo dos hijos, los cuales decidieron quedarse con su madre.

EMANUEL Y EL LADRÓN

Soñado por Johan

Estaba durmiendo bajo la sombra de un Ciprés italiano, mientras me esperaba. Es un hombre calvo, de frente estrecha, rostro ancho lineal con la boca, preponderantes pómulos, piel medianamente clara, ojos pequeños y almendrados color siena tostada. Usa lentes ópticos cuadrados de medio armazón, Ray Ban. Tiene una manzana de adán en el cuello, y cuerpo redondeado en forma de pera. Viste un traje con camisa color azul oxford, unos Jeans Wranglers, y vaqueros color azul índigo.

Su sueño era ligero, al oír mis pasos se despertó, inmediatamente. Esperaba conversar conmigo desde hace tiempo, tenía muchas cosas para expresarme; mientras me conversaba se dibujaba una sonrisa en su boca, y sus pequeños ojos parecían trasparentes llenos de gozo.

Iba de un lado para el otro, inquieto, entretanto me instruía sobre el bien y el mal; portaba un maletín ejecutivo de cuero color caramelo, de repente, de la nada apareció un muchacho vestido con ropa deportiva, moreno y delgado; este, violentamente, le arrebató de las manos el maletín a mi tío. El muchacho corrió

10

velozmente y Emanuel salió detrás de él...Hasta que pasó media hora.

Para mi asombro llegaron los dos como si hubiesen sido amigos de toda la vida, y el ladrón y mi tío me incriminaban por la vida errática que yo había llevado hasta entonces, pero mi tío le dijo con voz grave al ladrón:

—¡Te traje hasta aqui de ejemplo porque como vos muchacho ladrón y vicioso, jamás ha sido mi sobrino!

El ladrón se llevó la humillación de su vida, mientras mi tío sermoneaba acerca de los grandes personajes de la Biblia como: David, Noé, Pablo, Samuel; el ladrón era: Caín, Judas Iscariote, Satán, Gadareno, etc.; el muchacho y yo escuchábamos atentamente a mi tío, quien reveló finalmente que era evangelista y Dios lo había enviado a hablar con nosotros dos.

Emanuel nos habló del cordero de Dios, y cómo murió por los pecados de todos los hombres e intercede por nuestros pecados; mientras el muchacho lloraba como un recién nacido; en definitiva quedó invitado a la iglesia.

Charlamos hasta que se ocultó el sol y nos despedimos, cariñosamente, no obstante yo seguía estupefacto al lado del sombrío árbol, pensativamente, creyendo haber visto un verdadero ángel.

LA NEBULOSA ACRISOLADA

Soñado por Johan

Manejaba mi Pontiac a toda velocidad por una carretera de una quimera, luego de cruzar Állos bajo una noche gélida y estrellada a 1 kilómetro de su salida; vi una luz en la noche, la cual me hizo perseguirla como una estrella vigía. Llegué al lugar a las 3 de la mañana, mientras la luz se transformó en una muralla impenetrable, allí se acabó de pronto la carretera, era el límite de aquel sector de los sueños en el que existía un fulgurante y acrisolado templo santo.

11

El templo en forma de rectángulo con muros pintados, era iluminado por las luces fluorescentes provenientes de una misteriosa nebulosa en el centro de la sinagoga; esta flotaba en el aire como a 1 m de altura, circular como un túnel y en llamas; al mirarla por dentro mostraba formas y colores como si se tratara de un caleidoscopio, y rotaba en 360° como un pequeño planeta, tan radiante y ardiente como el sol que no pude mirarla más.

Los márgenes estaban rodeados por monjes vestidos de Lino entonando un mantra para la nebulosa : "Om Hrim Shreem Klim Adya Kalika Param Eshwari Swaha" in crescendo, hasta alcanzar la cima de un pentagrama como tocando, incesantemente, solo la parte superior de un instrumento musical.

Los monjes reían en postura del loto, unos 50 cubriendo todo el cubo iluminado, formando una gran cadena de adoración para la nebulosa.

Mientras tanto, yo caminaba por los muros de una altura sin fin, eléctricos, brillantes de un azul ultramarino, de un lago escarlata, de un amarillo cadmio; examinaba alucinado las imágenes incandescentes de estos muros.

El muro lateral izquierdo estaba pintado con la imagen de Jubal tocando para el Dios griego Dionisio, quien estaba borracho sentado en un trono, rodeado de mujeres y vino. En el muro central del templo había una imagen de la Diosa Kali junto a enormes cítaras, liras y laúdes de oro; en el muro lateral derecho estaba la imagen del rey David exorcizando con un violín a una cabra, la cual ardía en llamas, junto a la imagen de un cordero sobre una cima, y debajo de el 10 apóstoles arrodillados.

El suelo de este inusitado templo estaba construido con piedras preciosas: jaspe, zafiro, ágata y esmeralda.

Salí de aquel lugar sin saber cuándo; de pronto ya iba de regreso a Állos, en el auto a 100 km/h por hora.

El sol salió y regresé a casa aún pensando en aquel misterioso, místico y bello lugar

12

como una gran puerta de salida inmortal, además en uno de mis lienzos estaba pintado un cuadro con la frase: "Esa es la salida" en mitad de un círculo con millones de perspectivas.

Johan al despertar, les comunicó a sus amigos que había encontrado la puerta de escapatoria de KOI-7665.02 a 1 kilómetro de la salida de Állos, hacia ÍA, en un cruce, frente al río Entus, en un sueño lúcido astral.

13

GUILLERMO

Guillermo tiene 45 años, de cuerpo redondeado, gordito, rostro ovalado, su piel es medianamente clara; cabellos, medianamente, largos color negro petróleo; nariz curvada, dientes perfectos y blancos; ojos pequeños y afables color miel. Viste siempre trajes de una pieza y camisas blancas color platino.

Hijo de un empresario y embajador exitoso (el tercer hijo de cinco), vivían junto a su familia en una mansión de treinta habitaciones. Estudió economía y trabajó de embajador como su padre en el país de ÍA.

Luego de ser reconocido como un gran embajador, manifestó sus intenciones de competir en las presidenciales, las cuales ganó.

Es católico y amante de la literatura budista, carismática y buena persona, algo presumido (lleva 20 años como presidente de Állos). Tiene dos hijos frutos de la relación con Viviana, su esposa, a quien conoce a los 35 años de edad.

LOS COLOSOS DE GUILLERMO

Soñado por Kris

Guillermo se había mudado a Állos desde el norte; venía con tres camiones llenos de sus pertenencias, adquiridas a lo largo de toda su vida como hábil comerciante de automóviles.

Debido a los innumerables objetos que Guillermo poseía, el patio de su nuevo hogar se le hizo pequeño, por lo cual tuvo que dejar dos colosos gigantes con cosas en la calle.

Eran estos tan largos que, el segundo coloso quedaba a orillas de la primera casa de la población y el otro en la última casa, viviendo él en la casa del medio.

Los colosos tenían objetos costosos, desde celulares de alta gama a autos de lujo;

14

propiedades desvelantes para Guillermo, quien temía a posibles robos. Los vecinos no tardaron en reclamarle por los dos titanes, pues estos no podían estacionar libremente sus vehículos en la calle y le pidieron que los sacara a la brevedad.

Guillermo no hallaba cómo trasladar sus cosas a su casa, la cual ya no contaba con espacio alguno para más objetos.

Una noche en velas pensó que podía entrar las cosas a su casa de a poco, y apilarlas unas sobre otras con extremo cuidado.

Ese día se levantó, alegremente, el día estaba despejado y fue a buscar un equipo de sonido para comenzar a allegar sus objetos a casa, gozándose con la música, entretanto se las ingeniaba para entrar todos sus dominios.

Al siguiente día el tiempo se descompuso, completamente, llovió a mares una semana completa y las cosas de Guillermo comenzaron a deteriorarse a causa del agua.

La tormenta no cesó durante meses y no se podía ni salir a la calle.

Finalmente, un día pudo salir al camino mas, faltaban cosas en ambos titanes. Preocupado se puso, pero más aún se derrumbó al otro día, cuando los ladrones lo único que dejaron de sus colosos fue un auto de lujo, completamente, desvalijado.

Luego de cinco meses sin parar la tormenta cesó, y Guillermo de inmediato fue a ver sus pertenecías mas, hasta las ruedas de los titanes le habían robado. Fue a pedirles explicaciones a sus vecinos, que le respondieron airados, unánimemente:

— ¡Por qué no sacó antes, sus colosos con cosas!

No había rastro del paradero de sus pertenecías, y no llamó a la policía aun así, se cargó con todas las burlas de Állos por sus pérdidas dentro de su alma. Al final se robaron hasta los colosos.

15

Le costó a Guillermo recuperar su sueño, lo había perdido todo, hasta que un aluvión sacudiera el país, arrasando con todas las casas del lugar, menos la de él que, ni se percató del siniestro, pues su casa era la única construida, netamente, con concreto.

Entonces reflexionó; no había perdido más que los demás habitantes del pueblo, incluso era afortunado al ser el único que conservó su hogar, por lo que donó todo su dinero para la reconstrucción del país, siendo reconocido como un generoso hombre por todos los habitantes e inclusive a Guillermo lo eligieron Presidente del Állos.

KRIS

Tiene 25 años, es alto, de piel clara y cintura estrecha que se ensancha hasta sus hombros, con voluminosos bíceps, tríceps y pectoral estirado. Cara redonda, pelo color negro grafito con reflejos, corte clásico de lado, mechas cálidas color marrón glasé, patillas anchas, y ojos almendrados color azul cobalto. Usa camisas estampadas Canone o camisetas sin mangas clásicas, viste de pantalones casuales y zapatillas de running; siempre bien perfumado con Polo Blue.

Fue hijo único y a la edad de trece años se mudó junto a sus padres a Állos; entró a la universidad a estudiar leyes y cuatro cursos: Teosofía, Sueños Astrales, Astrología y Astronomía. Conoció a la estudiante de intercambio, llamada Anaís su actual prometida. Es muy tímido, romántico y estudioso, sin embargo, sobresale entre el resto por su apariencia.

MEIER

Meier es un hombre de 56 años, de piel clara, cara alargada y nariz protuberante; corte de pelo militar y ojos almendrados color verde oscuro, de estatura media y con panza. Usa camisas casuales con un botón desabrochado; sombreros australianos de ala ancha color negro marfil, cinturones de cuero 1957 Gino Rodinis; Jeans Lee regulares y botas vaqueras de piel, punta cuadrada.

Fue hijo único; sus padres murieron en un accidente aéreo cuando tenía 10 años de edad; sus abuelos por parte de papá lo adoptaron y criaron como a un verdadero hijo; dueños de un fundo de quinientas hectáreas y más de dos mil cabezas de ganado.

Luego de graduarse de Agrónomo, sus abuelos fallecen a la edad de 89 años su abuelita, y a la edad de 86 años su abuelito, con solo un mes de diferencia.

Pese al dolor que aún punza su corazón por la pérdida de sus abuelos, se centra en cultivar su amor por ellos en el fundo que hereda.

Se caracteriza por ser puntual, trabajador, emprendedor, bruto y ermitaño; amante de la música y de la religión budista, de la cual se enamoró al viajar a la India; interesándose en: la meditación trascendental, los sueños lucidos y la proyección astral.

Nunca tuvo ninguna relación amorosa; buscando evitar problemas, vive solo por decisión propia en la entrada de su fundo a 1 kilómetro de Állos.

KRIS Y MEIER Y LA RESONANCIA MAGNÉTICA EN 3D

Soñado por Johan

En una remota escuela del sur de Állos, había solo 2 estudiantes en el sector, por lo cual ellos dos componían la escasa lista de alumnos de la escuela básica. Uno de estos era Kris cursaba séptimo básico, gran lector de libros románticos, ocultistas y oníricos.

El otro estudiante era Meier joven campesino; siempre usaba botas de agua Hunter color dorado marrón y una manta de invierno de lana de alpaca color castaña.

Meier vivía solo en la casa de sus abuelos fallecidos; era un muchacho que cuidaba a los animales y había heredado todas las tierras de sus ancestros, por lo cual pese a tener 13 años, ya gozaba de su independencia.

17

Kris iba, constantemente, a casa de Meier, aunque este viviera a unos 30 km de distancia de su casa. Kris vivía todavía con sus dos padres.

Kris y Meier fumaban habanos, tomaban licores fuertes, escuchaban hard rock, mientras leían a magos oscuros y como la casa de Meier estaba perdida en mitad de un bosque, distante de alguna casa alrededor, ambos escuchaban música a todo volumen, entretanto tomaban y fumaban.

Un día lunes en pleno invierno llovía, tronaba, caía nieve y Kris llegaba a la escuela a pesar de las inclemencias del tiempo.

La profesora le dio la bienvenida, sin embargo, Meier no había asistido a clases. La catedrática invitó a Kris a tomar el desayuno, ya que hacía un frío que calaba los huesos; el desayuno fue: un café caliente con chocolate y galletas.

A las ocho y media debía comenzar la clase; la profesora de lengua española de unos treinta años de edad, delgada y alta, de pelo ondulado y tez blanca, le dijo con voz misteriosa a Kris:

—Tengo una gran sorpresa, ven y sígueme.

La pedagoga lo llevó hasta la última sala de la escuela, adentrándose en la oscuridad intrigante de la sala, hasta quedar completamente a ciegas.

La sala olía a la franela nueva y Kris seguía a la profesora subiendo las escaleras dentro de la sala como un laberinto; al llegar a la última fila del salón, la maestra las luces encendió, y Kris se dio cuenta de que estaba dentro de una gigantesca sala de cine; unas tres veces más grande que toda la escuela.

Tocó una de las afraneladas butacas, no lo podía creer, ¿cómo una escuela efímera poseía un cine tan monstruoso? Mientras sus pequeños ojos se abrían con inusitada euforia al apagarse la luz y encenderse la magna pantalla como un diamante fulgurante e impresionante.

18

La profesora lo dejó solo, y se fue a platicar con el director; mientras Kris recibió una llamada en su iPhone; la película empezaba y medio abobado respondió su móvil; lo llamaba Meier invitándolo después de clases a su casa a charlar un rato; aceptó la invitación mas, no se atrevió a contarle lo que sucedía en clases, ya que Meier no le creería.

Vio una película japonesa que no entendió del todo, sin embargo, extasiado quedó con los efectos especiales de la sala de proyección y el sonido envolvente Dolby Digital. Después de terminar la película y como había ido solo a clases, la dirección del establecimiento decidió no hacer toda la jornada, por lo cual Kris se fue temprano a casa de su amigo Meier.

Caminando unos diez kilómetros bajo la tempestad, junto a su paraguas de 24 varillas color Prusia; al llegar a casa de Meier este se encontraba dándoles de comer a los cerdos.

Luego de esperarlo más de media hora, Meier llegó con cigarrillos Dunhill máster fine cut y una absenta, R. Jelínek que, puso sobre la mesa de su comedor junto a dos copas. Entretanto, ponía la música y le dijo el joven Kris a su amigo, encendiendo un cigarrillo —Pusieron un cine en la escuela. Meier se largó a reír a carcajadas sin darle mayor importancia al evento, pues estaba muy borracho. Luego en la tarde Kris llamó a sus padres para que lo fueran a buscar.

Al otro día Meier llegó a la escuela; luego de la clase de matemáticas estaba incrédulo e impaciente para conocer la sala de cine. Ingresó, expectantemente, en la oscuridad profunda del salón y maravillado toda la hora permaneció. A la semana siguiente, Meier, llevaba sus propias películas para verlas en el cine de la escuela.

Una vez que, los dos se graduaron, cerraron la escuela por falta de alumnos, y la sala de cine quedó enlutada.

Un verano se quedaron a vivir en la sala de cine, arrancando los trinquetes de la escuela cerrada. En la mañana cuando el sol salía iban a zambullirse al río, y en el

19

ocaso regresaban a mirar películas en el cine, tapados con gruesas mantas de lana.

Una noche de tempestad tenebrosa y aterradora sacudía Állos, mientras los jóvenes dormían luego de ver una película de terror. Repentinamente, la pantalla del cine se encendió, y los muchachos despertaron por la luz radiante irradiando la pantalla. Se veía algo escalofriante; como si alguien los estuviese grabando se reflejaban los dos mirando sus propios cuerpos en la pantalla, atónitos, sentados en las butacas como si se tratase de un espejo gigante.

Ambos se despertaron de sus sueños en KOI-7665.02, abriendo sus ojos, entretanto, misteriosamente, un farol cayó al suelo haciéndose ruidosos e inarmónicos mendrugos de vidrio cortantes que todo el grupo sintió, pero nadie se levantó a mirar que sucedió. Pasados un par de minutos todos volvieron a cerrar sus párpados, recostados en los sofás al lado de la biblioteca, y siguieron sus viajes lúcidos astrales.

Kris y Meier quisieron apagar la pantalla mas, no pudieron, y el miedo los embargó, deprisa guardaron sus pertenecías, marchándose espantados del lugar.

Cuando salieron del liceo jamás se volvieron a ver. Kris se fue a la universidad y Meier vendió todas sus posesiones e hizo una exitosa automotora internacional.

Hoy en día la sala de cine es una población en Állos astral, y fue demolida por los investigadores para no levantar más sospecha sobre la vigilancia de sus sueños. La quebradura de la pantalla valiosa al estar rota, de dolor gimió, junto a toda su estructura e historias que alguna vez albergó.

OCTAVIO

Octavio tiene 37 años, la piel muy clara; ancho de cintura, pelo voluminoso rizado color negro aceite y bucles largos y nariz puntiaguda. Barbilla marcada más de lo normal, pómulos bastante finos; ojos saltones color verde oliva, labios gruesos y brillantes.

Usa poleras y camisas tejidas de manga larga con dos botones desabrochados, viste de pantalones Levis´s regulares y zapatillas Converse Chuck Taylor.

Es un joven introvertido e inestable, pasa de estar triste a alegre en fracción de segundos.

Luego de su primer éxito en la literatura a los diez años de edad, con su libro "Escapando de KOI-7665.02", no supo abordar el éxito y no ha vuelto a publicar, a pesar de las insistencias reiterativas de las editoriales.

Sus padres murieron cuando él tenía casi quince años y estaba internado en un sanatorio. Después de un periodo largo de terapia, recuperó el rumbo de su vida, superando todos sus miedos y retomó sus estudios en la escuela Principal de Állos, trabajando después en la biblioteca pública del país.

LA SANTIFICADA NEBULOSA

Soñado por Johan

No tuve tiempo de pasar a saludar a Guillermo, ya que debía entregar el trabajo ese mismo día. El letrero que debía ser pintado estaba ubicado a 1 kilómetro de distancia de la salida del País, donde había un cruce; un camino hacia el fundo de Meier hacia el sur oeste, y el otro camino seguía la carretera Panamericana hacia ÍA, junto a la ribera del río Entus hacia el oeste. Al llegar al lugar divise de lejos una patrulla de policías privadas, y la nebulosa en el aire frente al cruce, ante lo cual estacioné el auto al costado de la carretera, debajo de unos árboles.

21

La nebulosa estaba más redonda y flotaba en el aire con mayor fuerza; la sinagoga había desaparecido y los policías le disparaban en su centro, junto a unos 20 drones que chocaban contra la nebulosa.

Esperé hasta que se fueran por media hora, llegué a la intersección y miré por dentro de la nebulosa, la cual como un televisor se encendió y me mostró una imagen; al otro lado había un centro con investigadores estudiando la "Hot Zone" de cerebros y viendo el contenido de sueños en tiempo real.

Después de un minuto aparecieron los drones tras mi espalda, ante lo cual decidí entrar a la nebulosa; esta sacó mi cuerpo de la cárcel y me dejó frente a una casa de dos pisos color blanco coral, en un barrio residencial de Állos. No había nadie en la calle, miré los ventanales de la casa y los investigadores se pararon, rápidamente, de sus sillas, y me miraron con binoculares desde los miradores de la residencia, eran 10 y estaban espantados.

Las sirenas de la policía comenzaron a sonar, estridentemente, entretanto los drones trataban de atacarme en el sueño.

De un momento a otro la nebulosa me succionó y desperté en la cárcel con el corazón ligero. No seguí soñando más y tuve algo de fiebre.

EL PUNTO DE ENCUENTRO

Soñado por Meier

Esperábamos en camarines junto a nuestro equipo de fútbol, nos habíamos hecho grandes amigos hace tres semanas en el enclaustro: Johan, Emanuel, Guillermo, Kris, Octavio, Zoe, Suky y yo.

Antes de enfrentarnos a cada rival, despiertos en la cárcel, imaginábamos las jugadas que haríamos en el sueño, los pases para Johan para Emanuel, etc.

Era revelador para todos nosotros el nombre de nuestro clásico rival; "Los

22

Investigadores AC": -"nos habrán tomado por tontos". Decíamos nosotros "Los Soñadores FC".

Sarcásticamente, del número siete que era yo, se burlaban comentando: -"es un fenómeno del gol". Riéndose afanosos y malvadamente.

Llegó la hora de entrar a la cancha de fútbol; estábamos con nuestras camisetas blancas, nuestros shorts azules, nuestras medias negras, chuteadores; calentábamos y calentábamos con la esfera redondeada de cuero en la cancha; pasó media hora en la sala y ya extrañados porque el otro club nunca ingresaba a la sala, dijimos todos unánimemente: -"¿Dónde están esas bazofias?".

Fuimos todos a buscarlos por la ciudad, sin embargo, habían desaparecido; jamás se supieron noticias algunas de los paraderos de la Asociación de Fútbol sala de los Investigadores, y hasta el día de hoy todavía es un misterio.

Cuando despertaron en el enclaustro, tenían una idea límpida sobre cómo tener un sueño colectivo y cómo salir de allí en sueño lúcido astral por la nebulosa. Johan hizo una metáfora que les explicó a sus amigos:

El juego de rol se llama Állos; los jugadores son ocho y deben pasar la última etapa del juego; meterse por la nebulosa del sueño matando a todos sus adversarios y saliendo por la misma nebulosa pero en la vida real, en Állos.

Salen luego en pantalla los creadores del video juego y una canción alegre, pues este juego está terminado. Luego los muchachos apagan sus consolas de videojuegos, están felices, pues lograron dar vueltas en un mes este juego, se felicitan, se despiden y apagan sus computadores.

Algunos bostezan un poco y se van a descansar, otros abren las cortinas de su habitación y se van a comer algo, y el resto sale a dar una vuelta por la ciudad. Pero, ¡El videojuego es real, ellos viven en Állos, son los personajes, y no es una simulación!

23

SUEÑO LÚCIDO ASTRAL COLECTIVO

Se conocieron, principalmente, en la biblioteca de KOI-7665.02, ya que todos eran amantes de la literatura onírica, maestros en sueños lúcidos y astrales. Siempre estaban ahí, cada mañana, compartiendo sus sueños sobre los otros y debatiendo ideas de cómo podrían juntarse en un sueño colectivo; mezclando un sueño lúcido con uno astral y cruzar la nebulosa, y ya tenían un punto de encuentro: la cancha de fútbol. Solo faltaba instruir a la policía de Állos en experiencia extracorporal para que cuidaran de la santificada nebulosa, y escapar, definitivamente.

A pesar de las diferencias de edad, esto no impidió que surgiera una buena amistad entre todos. Johan y Octavio eran los más proféticos y silentes Emanuel era el más efusivo, Guillermo el más protocolar, Kris el más melancólico, Meier el más práctico, Zoe la más sensitiva y Suki la más perceptiva.

Cada uno recordaba sus vidas antes de KOI-7665.02, ahora las valoraban más, especialmente, a sus familiares, amigos, esposas e hijos, también cosas cotidianas como mirar televisión, acariciar a sus mascotas y salir de viaje o de compras.

No había lápices en KOI-7665.02, por lo cual no podían esbozar sus planes, aquello dificultaba la capitalización de su plan; un día trataron de imprimir un lápiz, pero la impresora 3d era exclusivamente para la comida.

También se reunían a hacer ejercicio en el gimnasio que tenía: Barras, Pesas, Power racks con barras dominadas y paralelas, Bancos, Cinturones para lastres y Máquinas de remo.

A pesar de ser Guillermo presidente, el líder en la cárcel era Johan, aunque en vez de dar órdenes se juntaban más que nada para meditar sobre la santificada nebulosa, esto es clave para entender su organización dentro de KOI-7665.02; todos provenían de Állos, ninguno de los secuestrados se conocían de antes, solo en sueños lúcidos astrales compartían el sueño con los otros, siendo todos muy solitarios en sus vidas como otro aspecto en común, sin embargo ¿quién de nosotros hoy en día, tiene más de tres amigos?

Esto los hacía meditar en su realidad actual, por ejemplo: todos los sueños lúcidos astrales que soñaron sobre el pasado sucedieron, realmente, desde este presente ¿cambiando su inscrito akáshico o descubriendo su registro?

LAS RELACIONES AMOROSAS

La relación entre Johan y Zoe comienza la primera semana en KOI-7665.02, cuando chocan de golpe una mañana, cayendo desordenadas al piso las toallas de ducha color cobalto, Pierre Cardin, llevadas por Zoe. Johan que es muy atento, se las entregó y permanecieron hablando de la vida hasta la madrugada. Luego de un par de días se enamoraron, fervientemente. Fueron los primeros en aparejarse dentro del enclaustro; luego Octavio y Suki también se enamoraron la primera semana, charlando por horas sentados en la biblioteca o ejercitando en el gimnasio, donde se dieron sus primeros besos y luego miraban las olas incansables del mar, colisionando contra el mármol, abrazados, en una de las puertas.

CAPÍTULO TRES

"LA INVESTIGACIÓN POLICIAL EN ÁLLOS"

LA INVESTIGACIÓN POLICIAL EN ÁLLOS

Pasadas las 24 primeras horas de la disipación de las almas de Állos, llegaron las denuncias a la policía, sobre "presunta desgracia".

La policía de investigaciones especiales para presunta desgracia trabajaba de inmediato en la búsqueda de los desaparecidos y se ordenan dos fiscales para maniobrar el caso.

Entre los desaparecidos que más revuelo causa, es la del presidente de Állos Don Guillermo y el artista Don Johan. En el caso de los ocho se busca entre amigos, familiares, vecinos, colegas, etc., la última vez que los vieron o conversaron con ellos, y los lugares que frecuentaban.

En todos los casos los IPhone de los desaparecidos residían apagados. Todos los testigos declararon ante el fiscal.

En el caso de Don Guillermo su Range Rover verde eucalipto permaneció hasta la

26

mañana siguiente en la catedral de Állos, pues siempre se detenía antes de llegar a su residencia a rezar por una hora; luego a las ocho de la tarde regresaba a su morada.

El capellán de la catedral declaró:

—Guillermo llegó a las siete a la catedral, estacionó su auto como cada día lunes, caminó hacia la mampara, pero nunca entró al templo. Pasaron dos horas y me preocupé, por lo que fui a su auto y no había nadie dentro, ante lo cual llamé de inmediato por teléfono a Guillermo mas, su teléfono estaba apagado, entonces llamé a su esposa para informarle que tenía estacionado su auto en las afueras de la parroquia por más de dos horas mas, él no estaba.

Su esposa declaró:

—Salió a las ocho de la mañana como cada día lunes. Durante el día vino a almorzar a casa a la una de la tarde, luego a las dos se fue, nuevamente, al Palacio Nacional; después hablamos por teléfono por última vez a las seis de la tarde, iba a orar a la catedral como cada día lunes y regresaría a casa a las ocho. Pasaron las horas y me inquieté, él tenía su iPhone apagado, luego me llamó el capellán para explicarme que su auto se encontraba estacionado en la parroquia, sin haber rastro alguno de Guillermo por el lugar.

En el Palacio Nacional el contralor declaró:

—Estuvo en su oficina toda la mañana, luego fue a merendar y volvió a las dos. Durante todo el día tuvo que firmar una gran cantidad de documentos, por lo cual no tuvimos la ocasión de conversar. A eso de las seis y media terminó su jornada laboral; se despidió de todos, amablemente, como siempre, y salió del Palacio manejando su auto con destino a la catedral como cada día lunes.

La parroquia aún no adquiría cámaras de seguridad y las tomavistas de la plaza no revelan nada, ya que a esas horas el tráfico es alto en el centro de Állos. La policía allanó el auto, el Palacio Nacional, la catedral y su casa, sin encontrar pistas.

27

En el caso de Don Johan la última persona que estuvo con él fue un amigo, este declaró:

—Se quedó a dormir en mi casa el domingo, por lo cual estuvo todo el día lunes conmigo, no habló por teléfono con nadie y emigró de mi vivienda a las siete de la tarde, con destino al teatro a presenciar una obra que anhelaba contemplar.

El recepcionista del teatro declaró:

—Don John llegó a las siete y media; sentaba lo nocturno a esas horas en Állos, estacionó su coche, cerró la puerta y luego no lo vi más.

En este caso en la avenida, en la cual se ubica el teatro, tampoco existían cámaras de vigilancia. La policía allanó su auto y no hallaron ninguna pista ni en los alrededores. Allanaron su domicilio, revisaron las cámaras de seguridad de la casa, y tampoco encontraron pistas. Nadie más dijo haberlo visto ese día.

En el caso de Don Emanuel este no tenía auto, y nunca frecuentaba un lugar en específico, por lo cual encontrar pistas sobre su paradero se hizo aún más difícil.

El dueño de un restaurante, hermano de su congregación lo vio aquel día lunes, y declaró:

—Siempre llegaba a almorzar al restaurante a medio día, pero esa jornada llegó a las siete de la tarde. Se comió dos empanadas al horno, se bebió un vaso de agua mineral y se despidió, rápidamente, lo cual llamó mi atención porque siempre nos quedábamos charlando hasta las ocho. Simplemente, partió a su casa, ya que me dijo y esta queda a cinco cuadras de aquí, y ya no lo volví a ver más.

Otro hermano de la cofradía dice haber conversado con él a las siete y treinta de la noche, y declaró:

—Nos encontramos en la calle, venía saliendo del restaurante de un hermano de la congregación; le pregunté cómo había estado su día y me dijo que estuvo

28

evangelizando jóvenes en una escuela. Hablamos unos cinco minutos, estaba a unas dos cuadras de su casa, nos despedimos, y luego no lo volví a ver más.

La policía examinó en todas las escuelas de Állos para dar con alguna pista, hasta que la directora de una escuela básica, ubicada en el contorno de la ciudad, dijo haber estado con él ese día lunes y declaró:

—Había quedado de venir la semana que viene a la escuela, pero llegó ese día lunes por la mañana a las diez. Hizo un taller de evangelio por dos horas. Luego almorzamos, y me dijo que iba al reformatorio para evangelizar a unos jóvenes.

En el reformatorio de Állos el Comisario declaró:

—Firmó el libro de entrada a las tres de la tarde, conversó con un grupo de jóvenes alrededor de cuatro horas. Firmó el libro de salida, y a las siete de la tarde salió del reformatorio con destino incierto.

Un vecino que los vio por última vez declaró:

—Salió como cada mañana a las nueve de su casa, siempre llegaba los días lunes a las ocho de la tarde, los otros días llegaba a las once porque hacia culto mas, ese día nunca lo vi regresando a su casa.

La policía de investigaciones allanó la vivienda de Emanuel y no encontró ninguna pista; su casa no posee cámaras de seguridad; trataron de acceder a las cámaras de vigilancia del caserío, pero estas no estaban funcionando desde hace ya una semana producto de un corto circuito, por lo cual no existe evidencia alguna de que pudo suceder con Emanuel minutos previos a llegar a su domicilio.

En el caso de Don Meier el día lunes siempre realizaba labores en parte de su fundo, y uno de sus vecinos declaró:

—Ese día lunes lo vi sacar un par de animales de su establo personal, luego estuvo trabajando en un pedazo de su fundo todo el día forjando fardos, con una de sus enfardadoras, en seguida a eso de las seis, entró las vacas en su redil; después a eso de las seis y media de la tarde, estuvo hablando por teléfono con alguien y luego entró a su casa, pero las luces no apagó.

El administrador de su empresa fue el último en hablar con Don Meier y declaró:

—Me dio una orden, él iría el martes a la empresa a estudiar la adquisición de un nuevo fundo, por lo que me mandó a contactar con un asesor comercial que estuviera temprano en la mañana en la empresa, conceptuando la adquisición; al instante nos despedimos.

La policía de investigaciones allanó la estancia de Don Meier y verificó que las luces no se apagaron; fueron prendidas a las seis en punto de la tarde y ni encontraron huellas dactilares ajenas dentro o fuera del inmueble; sin ninguna otra pista, permaneció un café servido en la cocina.

En el caso de Don Octavio llegó a la biblioteca como cada día lunes a las nueve y media de la mañana, almorzó allí mismo, y lo vieron salir a las siete de la tarde en su Opel Crossland X amarillo ocre, el cual estacionó en su cochera. Las cámaras de seguridad de su casa exponen las luces parpadeantes del auto al estacionarlo, inmediatamente, se escucha el ruido de la puerta del auto y se ve su sombra tras las cortinas cruzando por las ventanas mas, al llegar a la portezuela jamás la abrió y no se sintieron ruidos. Las cámaras de vigilancia de la villa residían en resarcimiento, por lo cual no hay más pistas.

En el caso de Don Kris su padre declaró:

—Como cada día lunes salió con rumbo a la universidad, con su mochila, a las siete de la mañana. Esperó el taxi fuera de la casa por unos tres minutos, se subió, y no lo volví a ver más.

El director de la carrera de Derecho de la Universidad de Állos declaró:

—Llegó a la universidad a las ocho de la mañana e ingresó a su primera hora de clases, y rubricó el libro de asistencia. A su segunda hora de clases, a las once de la mañana, firmó el libro de asistencia. A su tercera hora de clases, a las tres de la tarde, rubricó también el libro de asistencias. Llegó a su última hora de clases, a las cinco, y firmó el libro de asistencias. Ante lo cual tenemos constancia, de que estuvo en la universidad desde las ocho de la mañana hasta las cinco de la tarde.

Un guardia de la universidad declaró:

—Él siempre me saluda en la mañana, es un joven muy simpático a pesar de ser tímido. Ingresó a las ocho de la mañana al establecimiento, platicó conmigo media hora y luego entró a clases. Después a las siete de la tarde salió, solo, como siempre, y se despidió de mi. Esperó el taxi unos seis minutos, se subió y no lo volví a ver más. Tengo la absoluta certeza que no salió de la universidad en todo el día.

El jefe de la biblioteca de la universidad declaró:

—Después de salir de clases, ingresó a la biblioteca a la una de la tarde, pidió dos libros de estudio para leer, y se quedó en una sala de estudio leyéndolos. Se marchó a las tres y no lo vi más.

Uno de sus compañeros declaró:

—Asistió a todas las clases como siempre y, entre los recreos hablaba por teléfono con su novia, al parecer.

Su novia Anaís declaró:

—Ese lunes yo estaba enferma y me quedé en el hotel. Estuvimos hablando durante todo el día, vendría a visitarme a las ocho de la noche al salir de la universidad. Hablamos por última vez cuando venía en el taxi, de regreso, y me dijo que estaba a una cuadra de llegar para esperarlo levantada mas, no llegó.

Las cámaras de seguridad del hotel estaban siendo arregladas, en consecuencia no hay registro alguno de su llegada al hotel.

31

El taxista de la Universidad fue el último en verlo y declaró:

—El taxi venía completo, por lo cual no tuve tiempo de hablar con él ni verlo bien. Lo dejé frente al Hotel Principal de Állos; a esa hora ni transitaba nadie por esa avenida, y ni vi nada sospechoso en él, solamente, bajó y ni alcancé a ver si entró o no al hotel.

Se allanaron: la casa de sus padres, la Suite de Anais en el Hotel Principal de Állos, y no se encontraron evidencias.

En el caso de la señorita Zoe el dueño del restaurante declaró:

—Ella como todos los días lunes, llegó a trabajar al restaurante a las nueve de la mañana; luego se marchó a las siete de la tarde, esperó el taxi unos diez minutos, mientras conversaba con una amiga por teléfono, luego tomó el taxi, y se fue del lugar. Al otro día no llegó a trabajar.

La última amiga que habló con ella por teléfono, declaró:

—Quedó de llegar a mi casa a las ocho de la noche, íbamos a salir a comer, pero nunca apareció. No noté nada extraño en ella al conversar, solamente, desde las siete y media en adelante su IPhone estaba apagado.

Uno de sus compañeros de trabajo declaró:

—Estuvo atareada todo el día como siempre, no salió del restaurante durante toda la jornada. En las horas de trabajo hablamos trivialidades, y me dijo que en la noche iba a salir a comer algo de comida japonesa junto a su mejor amiga, solo conversó con aquella amiga por teléfono, ya que es de pocas amistades. Luego terminamos la jornada, y se fue en un taxi a casa de su amiga, supongo.

El taxista del restaurante declaró:

—No me habló nada durante el camino mas, no noté nada raro en ella. La dejé

32

fuera de una casa, en un lugar muy sombrío de Állos. No logré verla más luego de bajar del vehículo, estaba muy oscuro.

Una vecina de la amiga declaró:

—Como no hay iluminación nocturna en las calles no noté nada extraño, solo alguien bajó desde un taxi en la esquina, a las siete de la tarde y caminó hacia el interior de la calle, pero pensé que había entrado a la casa de su amiga.

Su madre declaró:

—Estuve chateando con ella todo el día, me dijo que al salir del restaurante se iba a juntar con una amiga para salir a comer, luego a las siete de la tarde se desconectó del chat y su IPhone apagado permaneció.

Como la calle ni poseía iluminación, ni cámaras interiores o exteriores, no hay ninguna pista de su paradero. Solo se sabe que en el trayecto hacia la casa de su amiga no entró a la vivienda, y ninguno de los vecinos sintió nada raro.

En el caso de la señorita Suki ella estaba de vacaciones en su casa.

Su padre declaró:

—Estuve hablando todo el día con Suki, pues me iba a venir a visitar el martes, planeábamos una semana en las afueras de la ciudad, hasta que a eso de las siete su IPhone ya estaba apagado.

La última amiga que habló con ella declaró:

—Hablamos por novísima vez a las seis, quería que le cuidara su hogar porque iba a salir de vacaciones con su familia. Luego nos despedimos, y al otro día no había nadie en su casa.

Uno de sus vecinos declaró:

33

—No salió de casa en todo el día. No noté nada anormal, salvo que nunca las luces en la noche prendió, pero pensé que había salido de fiesta.

Las cámaras de vigilancia no muestran que haya salido por la puerta principal, sin embargo, en su patio no hay cámaras de seguridad; no había tránsito alguno durante esas horas, por lo cual no hay más pistas.

Los policías allanaron su casa y no se toparon con evidencia alguna, solamente, nunca las luces de la vivienda prendió.

Buscaban algún indicio de sus paraderos en los cinco selváticos cerros que rodean Állos, sin encontrar nada la primera semana.

Mientras tanto, la noticia se hacía mundial como un caso misterioso; toda clase de teorías barajaban, lo curioso era que todos habían desaparecido a una hora similar: las siete de la tarde y sus IPhone se apagaron también al mismo tiempo, pero ellos no eran amigos.

Ningún perfil más de los desaparecidos hecho por la policía de Investigaciones lograba encontrar otra cosa más en las 2 primeras semanas de investigación.

La tercera semana de búsqueda, 8 Policías declaran haber sido despertados por Don Johan. Conversándoles e indicándoles que: están presos en un país lejano; entregándoles la dirección precisa donde está un centro de investigaciones de un grupo de 10 científicos, los cuales están investigando sus sueños desde Állos para que fueran a desbaratarlos.

Estos quedaron en shock luego de ver al joven y perdieron el habla las siguientes semanas. Los policías fueron a la casa indicada, ubicada en una zona residencial de Állos, pero esta estaba deshabitada y sus dueños no se encuentran en el País ni responden sus teléfonos.

Luego 8 policías declararon haber sido contactado en sueños astrales por los desparecidos, indicándoles que debían protegerlos en el "sueño lúcido astral colectivo de Állos".

Expresando que, están cautivos en un planeta desconocido, vigilados por investigadores y agentes secretos mas, habían encontrado una salida a 1 km, en el cruce de Állos "astral", y necesitaban que fueran al lugar y protegieran una nebulosa de los policías secretos para poder escapar, definitivamente, del enclaustro, cruzando los 8 por aquella brumosa que los devolvía a la realidad.

Los policías decidieron tomarse unas vacaciones, aunque quedaron estudiando sobre sueños astrales y en contacto astral con los desparecidos.

Mientras la policía en Állos buscaba alguna pista de alguna sociedad sospechosa operando desde alguna casa particular de Állos, posible responsable de un rapto masivo, sin embargo, no podían fiarse el 100% de sueños. Mientras sus familiares declararon también haber soñado con ellos, y estos les explicaban que estaban con vida y que mantuvieran la calma entre la tempestad.

CAPÍTULO CUATRO

"ESCAPANDO DE KOI-7665.02"

LOS DIEZ CIENTÍFICOS Y LOS REVELADOS

Octavio aprendió a leer y a escribir a los 5 años de edad, comenzando, inmediatamente, a escribir cuentos.

Cuando todos los niños del distrito salían a jugar a la calle, él habría su cuaderno,

35

afilaba la punta de su lápiz grafito con una navaja, y se disponía cada tarde a escribir. Pronto sus padres empezaron a preocuparse por el pequeño Octavio, quien escribía sin parar de lunes a domingo, y temían que fuera un loco como su tío Damián.

De tanto escribir Octavio comenzó a notar algo distintivo en su escritura; los objetos cambiaban cuando él se ponía a narrar sus cuentos, por ejemplo: cuando escribía sobre un beso, sus padres se besaban, cuando escribía sobre temblores y erupciones, temblaba y los volcanes erupcionaban.

Lo que no conocía Octavio era que sus premoniciones se debían a sus horas excesivas escribiendo; a sus siete años de edad ya había escrito sobre todo.

Les contó a sus padres, entusiasmadamente, sobre su gran revelación: era todo un profeta. Sus padres tristes le mostraron sus decenas de escritos y le dijeron que todo era fruto de su obsesión con los cuentos mas, Octavio a sus padres hizo oído sordo, tachándolos de superficiales, sin embargo, comenzó a sentir temor de escribir, descreyendo, totalmente, que las palabras, solamente, pueden ser palabras, sino que pueden crear procesos sobrenaturales.

Octavio público un libro exitoso, pero se enfermó y a los diez años tuvo que entrar a un sanatorio por un cuadro agudo de paranoia. A los veinte años tuvo una mejoría en su salud consiguiendo trabajo en la biblioteca principal de Állos.

La casa de sus padres fallecidos fue comprada, secretamente, por el grupo de investigadores de la sociedad para trasladar el centro de estudio a aquella zona residencial de la ciudad porque la policía de Állos estaba buscando casa por casa a la organización, sin saber que Octavio había vivido allí.

36

ESCAPES FALLIDOS

Entonces cada noche los 8 se iban en un sueño lúcido astral colectivo desde la cancha de fútbol hasta la nebulosa para escapar mas, esta los devolvía a sus sueños después de unos minutos porque la policía secreta extracorporal le disparaba a la nebulosa, haciendo que esta se contraiga, y los devolviera a KOI-7665.02.

Se ponían en contacto con la policía de Állos, pero ellos no podían comprender el asunto, pensaban que se estaban volviendo locos, pues iban al cruce en la realidad y no veían la nebulosa; sin embargo, 8 policías comienzan a introducirse en la experiencia extracorpórea, encontrando de a poco Állos en su dimensión astral conversando con Johan. Mientras seguían buscando la cuarta semana en la realidad la casa de operación de una presunta Sociedad Secreta detrás de este rapto.

FRENTE A LOS INVESTIGADORES

Una mañana de invierno, los diez investigadores principales a cargo de la investigación estaban reunidos en la mesa trascendental del centro de estudios, conversando sobre los enclaustrados, los cuales ya sabían toda la verdad del experimento, incluso habían visto a Johan en las afueras del centro saliendo por una extraña nebulosa que se había abierto en los sueños, enviándolos a un lugar específico de Állos, y que sus policías secretos no podían cruzar, solamente, intervenir su procedimiento al dispararle, enviando de regreso a los soñadores astrales a KOI-7665.02.

En aquellos momentos se encendieron, repentinamente, los computadores, ya que las cámaras de vigilancia interiores no los mostraban durmiendo en los sofás de la biblioteca de KOI-7665.02; estos cruzaron por la nebulosa en sueños lanzándolos justo dentro del centro de investigaciones. Es cuando se abre la portería de la sede; los diez científicos se asombran, mientras aparecen todos los enclaustrados caminando hacia la médula del laboratorio, y ambos grupos se miraron, gravemente, y Johan tomó la palabra y dijo:

37

—Aquí están los estúpidos, los cuales nos encerraron sin nuestro consentimiento en un enclaustro de un planeta desconocido, quitándonos nuestras vidas y a nuestros seres queridos. Solo les venimos a decir que hoy hemos llegado hasta aquí por un momento mas, mañana estaremos frente a ustedes, eternamente, para hacer justicia —.Sentenció Johan.

Los investigadores estaban anonadados, ellos con sus propios ojos podían ver a los soñadores astrales cruzando la realidad. Con una mezcla de alegría y preocupación en sus corazones, todos quedaron en un hondo silencio, entretanto los enclaustrados despertaron de golpe en KOI-7665.02.

Los científicos aterrados temían por sus vidas y por la Sociedad Secreta. Los objetos de estudio encontraron un punto de salida de KOI-7665.02, mediante una extraña nebulosa concluyendo en que, los sueños astrales puestos a prueba en su máxima dificultad son, efectivamente, medios para concretar cualquier sueño en realidad.

En aquel duro momento pidió la palabra el Jefe de la Asociación Secreta para el Avance de la Ciencia; acomodó el micrófono de conferencia, tomó un largo sorbo de agua mineral, mientras con rapidez timbraba unos papeles, y con voz enérgica exclamó:

—Los soñadores astrales profesionales sometidos a condiciones extremas, se perfeccionaron logrando modificar la realidad e incluso, transportando sus cuerpos físicos a través de un sueño mediante una misteriosa nebulosa...—también damos por hecho que, fracasamos en descubrir el mecanismo de teletransportación usado por los soñadores astrales, ya que el escáner en 3D no fue, prácticamente, usado por los sujetos...—por lo cual percibido el riesgo a alguna impetración por parte de los enclaustrados, los cuales pueden escapar en cualquier sueño, prontamente, damos por finalizado el proyecto. Viajando a la brevedad nosotros mismos para matar a los objetos de estudio que permanecen en KOI-7665.02— .Sentenció el jefe de la Asociación.

LOS CUENTOS DE OCTAVIO

Soñado por Johan

La sociedad secreta encontró en el ático un baúl viejo con una llave y una nota que decía: "Para que los lean en voz alta".

En el baúl se encontraban decenas de cuentos escritos por Octavio cuando era niño. Al ser leído el primer cuento, los científicos comenzaron a sentir una premonición extraña, ya que el cuento narraba la muerte súbita de diez científicos, por lo cual se asustaron y cerraron, rápidamente, el baúl, y bajaron las escaleras de la casa para beberse un té caliente y tranquilizarse.

Cuando se iban a sentar en los sofás del living, de golpe sus corazones dejaron de palpitar, sus venas se reventaron, mientras la sangre de sus cuerpos caía a borbotones por el suelo; se fueron de espalda los diez y fueron desnucados, estrepitosamente.

Johan le cuenta este sueño a Octavio, quien le explica que cuando niño él fue escritor y escribió un libro sobre un escape de ocho individuos de un enclaustro. Johan le preguntó— ¿Somos nosotros? Pero Octavio no recordaba mucho de su libro, ya que después de escribirlo se volvió loco, olvidando, prácticamente, toda su infancia debido al tratamiento.

Interesado Johan le hace otra pregunta más — ¿Cómo lograron escapar de la cárcel los personajes de tu libro? Octavio no puede responder a su pregunta, sin embargo, trata de insinuarle que el libro ya está escrito, y en las hojas del libro los cautivos están a salvo. Johan esbozo una sonrisa de satisfacción, aunque Octavio estaba serio, transpirando, al recordar algunos pasajes de su paso traumático por el sanatorio, luego de haber escrito aquella obra como entendiendo que su paranoia se debió a lo que, posteriormente, sucedería con ellos.

CAPÍTULO CINCO

"LA MÁGIA NEGRA"

Siete de los diez investigadores más tres pilotos, viajaban a toda velocidad por los cinco años luz, a través de la súper nave al exoplaneta para matar a los objetos de estudio con sus propias manos; y contrataron a un mago negro para hacerles un ritual de confusión a los cautivos, y mandaron al resto de la fraternidad a soñar, astralmente, para lapidar la nebulosa.

EL TEATRO DEL FUTURO

Soñado por Kris

Johan gran amante del teatro hiperrealista, al ver en la ciudad un spot con la presentación de la compañía de teatro más respetada de este género en Állos, no dudó ni medio segundo en ir a reservar una entrada de inmediato.

Desesperado buscó la primera fila para mirar bien de cerca, la obra homónima de la exitosa compañía: "el teatro del futuro".

Lo primero que llamó su atención fueron las butacas del teatro, estas eran camillas de hospital. Aún sin reaccionar fue acomodado en la cama por dos enfermeras.

Le saltó sangre desde el escenario en la primera escena, asustado Johan vomitaba de asco. Los espectadores eran los actores principales de la obra, mientras una enfermera ataba sus manos y sus pies a la Camilla, la otra les inyectaba un fuerte sedante que les durmió hasta el alma, entretanto todos en el tenebroso teatro trataban de escapar del lugar mas, ya estaban todos los espectadores atados a sus camas.

La obra de teatro, realmente, era una masacre, los espectadores eran asesinados de a uno por uno en el escenario. La trama presentaba al dueño de la compañía enloquecido por falta de dinero, el cual aniquilaba a su audiencia por su deslealtad al teatro, y con una espada medieval incrustada en sus corazones los mataba. Todos salieron muertos y directos a la morgue.

40

Una vez que el sedante detuvo levemente su efecto, Johan despertó con las enfermeras sacándole el tubo de oxígeno y desatando su cuerpo.

Producto del fuerte narcótico Johan no recordaba bien cómo salió del teatro, solamente, se encontró caminando hacia su auto en completa nebulosidad, a horas avanzadas de la obscuridad en Állos, junto a los demás espectadores, hechizados, murmurando sus sensaciones de complacencia respecto a la tenebrosa obra, pensando todos en un momento que fueron atravesados sus corazones por la espada del delirante dueño del teatro. Johan en cambio, quedó con la duda de haber muerto en la obra de teatro, y que hoy en día él es un fantasma en la vida real.

41

ANAÍS

Soñado por Octavio

En la universidad central de Állos cada día de aquel año hacían una cuenta regresiva para la llegada de una alumna de intercambio, la cual llegaría desde el país de Inctus.

Un día primaveral de septiembre Anaís llegó temprano luego de haber aterrizado el sábado. Es alta y delgada, tiene el torso y caderas de la misma dimensión y una cintura alta poco ceñida; frente y pómulos anchos, y nariz afilada; mandíbula retraída y barbilla acabada en punta. Su cabello es rubio color ceniza y largo, con lasos; sus ojos son grandes y profundos color cerúleo. Usa una gargantilla de oro en su cuello largo y viste faldas largas y botines Steve Madden con pantis elásticas sedosas y blusas.

Su semblante es triste, es introvertida, extremadamente, inteligente, sensible y humilde. Luego de su presentación con una voz quebradiza en un Aloséntrico fluido como una copa de cristal fino, misteriosamente, se sentó atrás de la sala de clases, lo que llamó la atención de todos sus compañeros.

En un trabajo grupal conoció a Kris, quien siempre se sentaba en la última hilera de la sala, este al hablar, excepcionalmente, lengua Inctus podía comunicarse, destiladamente, con Anaís.

Desde aquel momento nació una hermosa amistad entre ellos. Kris todos los días después de clases iba a dejar a su hotel a Anaís, y el fin de semana iban juntos a jugar a los bolos y comer sushi en un restaurante de comida japonesa.

Anaís pasó su mes en Állos y debía regresar a Inctus. Kris fue a despedirse al aeropuerto, y para su asombro al momento de partir, Anaís, le dio, apasionadamente, un beso en la boca con humedecidos labios, y besos en sus párpados, ante lo cual Kris quedó irresoluto.

42

En el mes de enero Anaís invitó a Kris a Inctus, este no dudó en aceptar la invitación. Cuando llegó al aeropuerto ella lo estaba esperando junto a su hermano. Se saludaron con un caluroso abrazo y se fueron a casa de los padres de Anaís, entretanto conversaban entusiasmados acerca del tiempo que pasaron apartados.

Anais vivía junto a sus padres y su hermano mayor. Kris fue muy bien bienvenido por la familia Yrne; en las mañanas y vísperas, mientras conversaban, bebían té fuerte con leche y galletas de mantequilla. Sin duda hermosas reuniones junto a la familia de Anaís, quien vestía ropas típicas: turbantes, faldas de linos o túnicas largas.

Fueron todos los días al teatro a ver obras locales. Kris se impregnó tanto de la cultura de Inctus hasta el punto de olvidar el idioma Alloséntrico.

Los padres y sobre todo el hermano mayor de Anaís cuidaban a los dos a cada instante para que no tuvieran tiempo de estar a solas. Esto incomodó a Kris, quien ya a estas alturas estaba, totalmente, enamorado de la hermosa Anaís. Eran amigos, pero aquel último beso intrigado al tímido muchacho dejó.

Una noche armado de valor, decidió pedirle una explicación sobre este hecho; ella sonrió sin alcanzar a proclamar palabra alguna, antes que llegara su hermano mayor a interrumpirlos.

Kris pasó sus tres semanas en Inctus, mientras no paraba de nevar en Europa, y llegó el día de devolverse.

En el aeropuerto, para su admiración Anaís, nuevamente, le dio un beso explorando su lengua con los ojos cerrados; luego sus narices estuvieron en contacto y en silencio, en un momento que pareció eterno, hasta que fuera llamado, urgentemente, por las azafatas, ya que el vuelo salía de inmediato.

Kris la quedó mirando, fijamente, a los ojos por última vez, emocionado, sin poder hablar y con una serie de sentimientos dentro de su cuerpo, pero no había tiempo para seguir hablando; se fue entre lágrimas a subir al avión.

43

Kris llegó a Állos, mientras presuroso en casa fue en búsqueda de su iPhone y su Mac; al revisar las maletas estas eran otras, habían sido intercambiadas y, aunque reclamó a la aerolínea, jamás encontró su equipaje.

Para más desgracia Anaís no tenía redes sociales, ya que en Inctus estaban prohibidas y ni su teléfono logró recordar ni encontrar aquellos cuadernillos en los cuales escribía su número, solo recordaba su correo postal que no poseía su dirección, solamente, los dígitos.

Le escribió todos los días del año, sin obtener respuesta alguna, y llenando la casilla postal de Anaís en Inctus con emotivas cartas de amor y locura.

Anais se casó con un joven que conoció el día después de la partida de Kris a Állos; fue un amor a primera vista, a las semanas ya estaban casados, además al no encender más Kris su iPhone, Anais, interpretó que él no estaba interesado en seguir cultivando su relación.

Pero para su sorpresa luego de cinco años fue al correo a buscar una encomienda, y recibió los cientos de cartas escritas a puño y letra por Kris.

Al leerlas y revelarse el motivo de su incomunicación se largó a llorar desconsolada. Leyó una a una los cientos de cartas, presenciando la locura evidente en los escritos finales.

Kris nunca se casó ni tuvo hijos, tampoco quiso viajar a Inctus, ya que a Kris le dio Alzheimer, además, aquel país es gigante siendo, doblemente, dificultoso dar con la casa de la familia Yrne. En cambio, prefirió morir recordando con canciones a Anaís, mientras ella en su honor le dio por nombre a su último hijo: Kris.

EL CERDO SIN CABEZA

Soñado por el Emanuel

El joven Meier había comprado hace 5 meses un cerdo blanco, y ya estaba rechoncho; lo guardaba en el jardín de la casa de sus abuelos. Hace días que el cerdo gritaba despavorido sin razón aparente; una mañana sus gritos se hicieron tan insoportables que no dejaban conversar a la familia, entonces estando el animal en condiciones para comérselo, junto a sus abuelos tomaron la determinación de matarlo.

Lo agarraron y entraron a casa; el anciano lo puso sobre la mesa y le cortó con decisión la cabeza.

Extraordinariamente, ya sin mente, el cerdo seguía con vida, mientras Meier y su abuela gradualmente comenzaron a sentir miedo, ya que el cerdo no paraba de gritar con su cuello cercenado más aún, seguía cantando como un extasiado cantante gutural.

La piel del cerdo blanco grasoso se puso aceitosa, y las manos del abuelo resbalaron escapando, escandalosamente, el cerdo sin cabeza por la ventana de la casa, rompiendo el vidrio en mil pedazos, y perdiéndose por el labrantío del pasaje.

Nunca más supieron del cerdo blanquecino, nadie en el pueblo lo vio nunca jamás ni se escucharon noticias de aquel animal, que aún sin cabeza vivía.

DIABÓLICAS MEDUSAS PEGAJOSAS

Soñado por el Emanuel

Octavio corría desesperado por la carretera vacía, escapando de especies de medusas o negreros pegajosos clavándose por todo su cuerpo, de la cabeza hasta la punta de sus dedos de sus pies como hombre mutilado por irascibles lengüetas arrancaba horrorizado. El daño que estos desconocidos toscos quebrantaban en su piel eran insufribles, hasta el punto de dejarlo sin aliento.

Sus diabólicas risas se agigantaron hasta quedar insensible, sus ojos alcanzaron a ver sus bocas asquerosas vomitarle en fragmentos.

CAPÍTULO SEIS

"SUEÑOS ROJEANTES"

PEQUEÑA ORACIÓN PARA SUEÑOS ROJEANTES

Soñado por Emanuel

Están todos soñando aquel sueño fogoso para que los analicen los inmorales investigadores, yo puedo aseverar algo, ya he vislumbrado lo peor ahora puedo saborear un momento dulce y final, y quedar abatido de esperanza. Te recomiendo amigo: soñar cosas buenas, en medio de la tormenta elige la calma, elige cualquier cosa menos la petulancia, elige al fin una sola cosa: la cordura, elimina una sola cosa: la locura; crea una cosa: algo útil, cultiva una cosa: la felicidad.

Ya a estas horas me alejé de la frondosidad, y parezco haber dormido el versículo como si fuera una pianola elíptica. Necesito el día como la hostia, necesito dormir, luego rezar, antes que me agarren las pesadillas de los hombres de tres metros como Goliat pero flaquísimos y grises, ¡alimento para los investigadores, siento la presencia del mal por los aires, tomarme por demente!

Quiero antes de soñar, escuchar esas hermosas canciones cristianas en Spotify y tomar la cena santa, exorcizar los caldeados sueños eróticos como los demonios, ¡qué los obscurezca mi Dios bendito! Nos purifique con fuego consumidor el cordero de Dios en esta oración para lo inmoral que veo en mis sueños y en el de mis amigos en este Monte sagrado; tan transparentes y turbios sueños como una copa resplandeciente ante el vino rojeante, por lo cual saco mi ojo derecho en ocasión de caer, pierdo uno de mis miembros, este sueño mas, mi cuerpo y nuestras almas a pesar de estas faltas, se libraran del fuego, pues hemos sido tentados por 8 demonios.

Emanuel reza son, completamente, manipulados por la brujería haciéndolos caer en bajas pasiones, y perder su objetivo.

46

ZOE

Soñado por Johan

Zoe tiene 27 años, ambos estudiamos la carrera de música bajo la modalidad diurna (durante el día ella trabaja en un restaurante).

Desde que la conocí, me excitaba su rostro anguloso y cuando cantaba la oscilación de sus labios me enloquecía. Nos hicimos amigos y una noche estábamos conversando a solas en un cuarto pequeño de la universidad, y se dio cuenta de que mi pene estaba levantado debajo de mi pantalón.

Existían entre nosotros esos silencios y coqueteos de enamorados. Zoe vestía de Jeans Skinny, American Eagle color negro marfil, zapatillas urbanas Converse Madison color negro carbón, un suéter de fit ajustado con cuello redondo y un collar Guess corazón dorado. Sus ojos son grandes color azul tiffany, su cabellera es rubio dorado, sus piernas son largas y rectas desde la raíz de sus muslos hasta sus tobillos; su piel es muy blanca sin imperfecciones; nariz respingada y labios muy gruesos color durazno.

En un momento de locura me puse de pie frente a ella, mientras tocaba sentada en la alfombra peluda con su guitarra eléctrica Cort X700 color azul claro, entretanto desabotonaba mis jeans súper skinny fit hasta que, sorprendidamente, abrió sus ojos al ver que yo ponía mi pene de tipo piramidal rojizo y, erecto frente a su cara. Quedó helada y yo acerqué la punta de mi glande a la unión de sus labios, mientras ella como una escultura rasgo por última vez las cuerdas de su guitarra, haciendo un turbio sonido.

El silencio embargó toda la universidad y el universo; mi glande tocó la punta de sus labios, mientras abría de a poco su boca, confundidamente; chocó mi pene caliente con su lengua sustanciosa y comenzó a moverla, circularmente, por mi pene, entonces lenta y, delicadamente, le embutí todo mi falo en su boquete, hasta lo profundo de su cuello de cisne alto.

47

Luego seguí sofocando una y otra vez con más fuerza mi miembro viril contra su garganta, en lo más profundo de sus tonsilas con furia; mientras ella ahogada despedía saliva bajo la alfombra peluda del cuarto. Entonces saco mi verga desde el inaudito de sus adentros ardiendo, entre su galvánico santuario como dos minutos, donde al llegar a su garganta, una y otra vez, sentía que tocaba los cielos.

Con mi pene afuera de su boca, lo sacudí fuerte entre su cara vagabundeándolo, lentamente, por sus: ojos, pelo, piel, nariz y ella le daba besitos a mi glande, luego a punto de querer acabar le volví a abrir la boca para eyacular en lo más recóndito de su garganta.

Se lo inserté dos veces como punzándola con una daga, en lo más insondable de su cuello largo, aunque muerto secreté una cascada de esperma desmesurada, alcanzándome para esparcirla por toda su cara.

Zoe con todo el semen en la cara, humilladamente, sonrió. Le pedí el perdón de rodillas, sin decirme nada, mientras yo le secaba su cara con un pañuelo. Nos dimos luego un beso profundo, chocando nuestras lenguas y mordiendo nuestros labios. Luego fuimos novios, nos casamos y tuvimos hijos.

48

LA POZA DE LICOR

Soñado por Johan

Una noche en los derredores de Állos, un grupo de jóvenes tomaron licor hasta quedar completamente borrachos, sin percatarse que sus botellas permanecieron en el suelo, derramándose todo el licor y formándose una posa de 5 litros.

Un zorro y un conejo estaban desde la madrugada recolectando comida para llevar a sus madrigueras y cuevas. El zorro robó un pedazo de carne de gacela de un grupo de bisontes durmiendo en medio del campo, mientras que el conejo recolectó gran cantidad de frutos silvestres que tenía el lugar.

Ambos ya cansados y saciados de comida quisieron beber un poco de agua; el primero en llegar fue el conejo; luego de beber una gran cantidad de licor se dio cuenta del agrio sabor de aquella supuesta agua que había bebido, pasados unos minutos no podía correr, por lo cual no pudo hacer otra cosa más que recostarse al lado del charco de licor, completamente, borracho.

Llegó el zorro sediento y no se dio cuenta de la presencia del conejo; bebía con gran ánimo el Gin dejado por los muchachos, hasta que su hocico y estómago le hervían, confuso el zorro borracho caminó un par de pasos y cayó como un muerto, justo al lado del conejo.

Por los aires del campo volaba el águila hambrienta, esta desde gran altura ve dos posibles presas para su regocijo, pero el águila también tenía sed, y antes de enterrar sus filosas garras en ambos animales, se dispuso a beber agua en el amable charco. El águila quedó, inmediatamente, borracha ni pudo volar y cayó tumbada junto a los otros animales. Los tres pasaron la noche uno al lado del otro como buenos hermanos durmiendo en una misma cama. Así pasó con todos los animales del campo que fueron a beber de aquel charco.

La totalidad de animales de la zona dormían borrachos, solo se escuchaban sus ronquidos a mediodía, y se despertaron de golpe con la llegada del tren de las 1 sucumbiendo el lugar.

Las águilas se fueron a volar a los cielos, los zorros se devolvieron a sus cuevas, los conejos volvieron a sus madrigueras, los bisontes y las gacelas volvieron a reposar al pasto. Nadie se comió en el lugar a nadie, y solo recordaban su noche hermosa, en la cual todos se dieron calor los unos a los otros, gracias a este turbio charco de licor dejado por aquellos despreocupados jóvenes.

SUKI

Soñado por Octavio

Entró sin golpear la puerta, me saludó, fríamente, y se sentó en el sillón de enfrente; yo escribía en el living, mientras ella se pintaba los labios color coral frente a un espejo diminuto. Tiene 30 años, es secretaría y a veces después del trabajo viene a mi casa a visitarme.

Me dijo de improviso con voz indolente, mientras se ponía de pie —Déjate de escribir huevadas.

Suki viste unos pantalones blancos apretados que resaltan más aún sus curvilíneas caderas. Su piel es, medianamente, oscura; su rostro presenta una mandíbula angular muy marcada y maxilares pronunciados. Su pelo es negro azulado con un flequillo corto peinado hacia un lado. Tiene hoyuelos en sus mejillas cuando sonríe; sus ojos son caídos color chocolate, usa aros circulares de diamantes corte brillante Chopard; una blusa muy delgada de seda Paisley que trasluce sus sostenes con 1.000 gemas de rubíes tailandeses engastados en satén rojo a mano. Es juguetona y sensorial; se sacó sensualmente sus botines, luego sus calcetines de medias negras y descalza caminó hacia mí.

Lo primero que hice fue sacarle la blusa de seda y los sostenes, tiene unas tetas enormes como para perderse dentro y beberlas hasta que no le queden ni suspiros.

Suki es delgada y su ombligo lucía un piercing hermoso de diamante, se lo saqué con cuidado, y le chupé su centro distinguido, mientras mi miembro viril estallaba en llamas.

Desabroché el botón delantero de su pantalón color blanco perla, se lo baje con dilación, entretanto iba apareciendo su encaje de seda transparente, se lo quité, lentamente, y le toqué sus enormes glúteos duros y suaves que siempre me calientan, luego la puse de espaldas al sofá, a lo perrito.

Mientras le besaba todas sus vértebras de una en una, le refregaba mi miembro por su vulva; tenía un solo lunar en su glúteo derecho, esto llamaba mi atención, entretanto se lo metía, calmosamente, como un huracán embelesado e impredecible yo iba y venía, y sonaba como un golpazo su cuello uterino gemiquear. Por detrás la empalaba lento; le tocaba sus protuberantes pezones y besaba su cuello; se le caía la baba por su boca.

Hasta que comenzó a rasguñarme la piel, y perdí el juicio, y en un momento me la follé tan fuerte que cayó al suelo, y pensé que la había matado, pero gracias a Dios de inmediato se puso de rodillas.

Acabé en diez minutos sobre sus tetas, me acerqué a su boca y le di un gran beso. Suki estaba exhausta, ella se fue al mes siguiente, pues estaba de vacaciones; follamos cada día de ese mes sin parar.

COMO UN TORO

Soñado por Meier

Tanto que pinta su cuadro de mil meninas, me gustaría desabrocharle todas sus clavículas, en el medio de su cántaro inexplicable sentir el placer indescriptible de poseerlo, sutilmente, y, violentamente, asustar sus gemidos de dolor con placer; llegar al veneno de la víbora ancestral convertido en una abstracta flema; signo metafísico del universo entero en su Génesis, gelatina coagulada, mugrienta y bella, leve pintura de ángeles bailando endemoniados en el cielo agudo, mientras Jubal ,sensualmente , toca su arpa.

Ahora me introduzco en su vientre como una guagua e inhalo su respiración bombeando su cuerpo medio muerto en sus adictivos pedazos; piel, labios, espalda, piernas, cuello, etc., botones de placer pulso una y otra vez agotados ¡cómo un toro rujo frente al cuerpo de la dama partida en diez!

El vecino quisiera hacerle el amor, yo se lo hago a su mujer, quisiera hacerle el amor a cinco mujeres a la vez, romperles sus clítoris, matarlas y resucitarlas. Ruge el toro mientras la cabalgo otra vez fuerte, y veo su rostro cambiar de una a una, en las cinco mil mujeres que deseo.

Ruge la moción de mi eros, besos bajos los instintos de la mañana helada; he mirado por el cerrojo prohibido como Adán poseyendo a Eva en el Edén; pecaminosos, perversos...Y ya la noche nos lleva, y ya los candelabros están encendidos, y, nuevamente, le estoy haciendo el amor a mi nuevo anhelo, perdido una vez más en sus vueltas.

CAMINARÉ POR TU RECUERDO HASTA EL OLVIDO MÁS PROFUNDO

Soñado por Kris

Anaís estoy en un lago austral distante de tu mirada expectante; tu nota de sol dentro de un vaso de agua.

Es verano, pero aun así, tus ojos logran eclipsarme; el lago está quieto distante de presencia y viajo por el cielo celeste en un túnel del tiempo largo.

Bebo café a orillas de un camping, veo a las musas desprenderse del sol, viajo por estas vías, y mi sangre corre ardorosa, mis colores son ventriculares, mi corazón de bestia insaciable por tu alma, mis palabras de azufre encendido; fiebre de sueños, pena contenida en un relajo que se propaga al fin del mar curvo a tu figura eterna en los cielos como las estrellas del cosmos. Un número se instala en un enjambre de gaviotas, vuelan por los corales crecen en el viento; la arena calienta mi cuerpo, y el de los veraneantes, en esta tierra arborecida.

52

Anaís recuerdo tus piernas de leche, calientes como un sol febril, recuerdo tu cabello dorado reluciendo el color acaramelado de tus labios.

Los niños bracean por el agua y no pierden el rumbo del tiempo, mientras los adultos revisan su memoria; ya son tiempos de un febrero inaudito, los castillos de arena se han disuelto.

Las hadas bajaron del Olimpo esta bella mañana, yo contengo mi pena con melodías musitando la despedida eterna de esta tierra peregrina; burbuja transparente que hace nacer una lluvia alegre; un olor a pino húmedo se abre de par en par, encuentro mi regalo secreto en el centro de un manzanillo, lo abrazo como un perfume que desaparece pausado como este día, en un recuerdo entre el viento fresco.

Inquieto trato de encontrar una articulación ya perdida, pero hoy el relajo del lago se extiende hasta el fin, y no es tan dolorosa por un momento la cruda realidad, por eso, me refugio en estas cifras de alucinado, esperando tocar la felicidad perdida.

Espero tocar el cielo, acariciarle la boca a una linda y esculpida hada por el viento y hacerle el amor en mitad del oscurecer; visitarla en sueños como un fantasma en la tarde, desvistiendo el artificio del misterio en su flagelo alucinado.

Me pierdo en el rumbo hacia el sol presente de tanto abstraerme, hago un continuo Mindfulness para recuperar mi aliento, en una hora que partió no valorada, no la supe describir, exactamente, por las limitaciones de nuestro lenguaje, pero son hermosas músicas de cítaras y laúdes.

Tu mundo como el perfil horizontal del caudal de este frente enclenque, volcán blanco azuloso, el límite de mis ojos tan misteriosos como el núcleo de la luna, la fluctuación cambiante de este mundo, y su centro escondido. Hada, ¿por qué entre nosotros, siempre existía un enorme silencio? El corte de corriente de nuestros fonos Anaís un recuerdo abandonado.

Escribo a tus ojos de cielo pasando, velozmente, entre mí, tu cuerpo de ninfa poliédrica, pienso hacerte inmortal, aunque creo que jamás lo sabrás, en este secreto oculto, de los sueños.

Hermoso esplendor estrellas envías; cómo quisiera volver a recorrer tu cuerpo con la libertad de la filosofía, sin preocupación alguna, solamente, mi trabajo el de concederle amor a tu figura de mujer sutil madura con botellas de champán, en un cuarto con luces sombrías y colores zigzagueantes para vernos de nuevo otra vez.

Traspasamos el tiempo encontrando el coro hermoso etéreo del séptimo cielo atravesando nuestros mil cuerpos, concertando nuestras almas, y yo solo puedo volver a mirar por los cerrojos de los recuerdos, tus ojos de lago límpido y naufragar tu alma.

Baja hasta mí que, desde tu nube violeta, rosa, remo hasta tu orilla, vuelve a mí, bebé, muerde mi piel de grano, nunca te vayas, déjame contemplarte, eternamente, en mi recuerdo.

Bajas a mí en forma de lágrimas, tejiendo por mis ojos paseos en pueblos de remembranzas, busco el pálpito de mi mente, mi norte, mi corazón está escarchado.

No puedo contener mi llanto porque ya no estas, te recuerdo cuando te pienso esta tarde, en el lago que irradió el sol con tu sombra a mi lado, tus bordes, tu figura, luego de tantas madrugadas juntos y el reloj, girando, girando… ¡oh bebé, no sabes cuánto te extraño! Sé que soy para ti un recuerdo encendido en tu memoria de luz, sé que me recuerdas y, aunque no me recordaras, no me llamaras ni me escribieras jamás nunca, yo caminaré por tu recuerdo hasta el olvido más profundo.

SE ENAMORAN DE SU NUEVO HOGAR

Pasado un mes del rapto, los enclaustrados comenzaron a sentir cariño por KOI-7665.02. Incluso Meier que le gustaba vivir solo, había creado buenos botes, pescaba y creía poder construir casas con palafitos sobre el agua, ya que había explorado mejor el exoplaneta y confiaba en vivir bien alimentado de los peces de la zona.

Además de amar la temperatura y la atmósfera de siempre anochecer (ya que muchos odiaban el día o la noche de la tierra), este planeta Brinda un punto maravilloso e intermedio, del cual estaban todos enamorados.

Ahora no encontraban nada más acogedor que "KOI-7665.02" perfecta para hacer: nuevos proyectos, ejercicios, yoga, meditar, leer libros, y comer en la cocina junto a la impresora de comida en 3D que entrega el alimento deseado escrito en la computadora, por lo cual no hay preocupación por falta de alimentos.

También resaltaban los baños privados, prácticamente, un spa con: jacuzzi, sauna, ducha con hidromasaje y espacios relajantes.

Adoraban el colchón Hantens 3000 con triple sistema de muelles; adoraban el aire acondicionado automático y la iluminación de la KOI-7665.02.

Todo esto obedecía al efecto de la magia negra alimentando sus pasiones carnales, y olvidando, completamente, sus almas, inclusive volviendo a dormir en sus camas.

Los investigadores aprovecharon esta instancia para ejecutar la estimulación magnética trascendental, bloqueándoles la fase de sueños REM, lo que, científicamente, los había condicionado a no soñar, lúcidamente.

PARA DEJAR ESTOS SUEÑOS ROJEANTES

Soñado por Zoe

Se enamoró del licor la primera vez que lo probó, aquellos primeros sorbos de buen vino de la desgracia ahora lo tienen en una calle sin salida, sucio y vestido como un vagabundo.

Aquella noche se quedó hasta las cinco de la madrugada bebiendo en una esquina, la última botella de absenta entre la niebla y el frío de Állos. Emanuel apareció de improviso y lloró al verlo en aquel estado; luego oro por él hasta el otro día; lo abrazó y se fue sin conocer Johan cómo había llegado Emanuel y se preguntó

55

—"¿Por qué caminaba solo a esas horas de la noche?"

Johan se levantó como a las doce del día, sus hijos y su mujer estaban tristes por su situación. Entonces salió a comprar un alcohol desnaturalizado en una farmacia y regresó a casa. Se afeitó y luego se echó el alcohol sobre la cara y por todo el cuerpo. Hizo esto cada día en la mañana de aquel mes, y consiguió trabajo, nuevamente, su vida cambió gracias al mensaje de Dios y la casa recuperó la armonía, y no volvió a beber nunca más.

Los ocho meditaron en este sueño con Zoe. Era muy diferente a los anteriores llenos de lujurias, entonces reflexionaron, sollozaron y rezaron, indomablemente, huyendo de la cárcel los 8 demonios, por tanto abrieron sus ojos y dejaron de dormir en sus camas, nuevamente, decidiéndose finalmente a escapar.

CAPÍTULO SIETE

"LA SALIDA"

LA SALIDA

Johan, Emanuel, Guillermo, Meier, Kris, Octavio, Zoe y Suki logran juntarse en un sueño colectivo viajando, lúcidamente, y, astralmente, a Állos para salir por la nebulosa encontrada por Johan, quien los estaba esperando desde la mañana en la cancha de fútbol de Állos astral; la salida debía ser temprana, ágil y, tomar por sorpresa a la policía secreta. Hace días no comían, ya que los investigadores dejaron de enviarles alimentos y estaban hambrientos.

El primero en aparecer fue Emanuel, quien comenzó a orar de inmediato por la liberación de todas las almas de la cárcel, entretanto llegaron los otros.

Meier (el más hábil con el volante) manejaba a toda velocidad por las calles de Állos y Johan le indicaba el camino más disimulado para llegar al Palacio Nacional donde los esperaba Guillermo.

56

La policía secreta sabía que los ocho iban a la nebulosa descubierta por Johan en la salida del pueblo, por lo cual esperaban a Guillermo afuera del palacio para detenerlo, mientras otra patrulla atajaría el camino con pelotones y abriría fuego contra el auto.

Johan llamó por teléfono a Guillermo, quien debía salir en el minuto exacto en que pasaran por el palacio, para no ser detenidos y le dijo John—¡Ahora! entonces Guillermo se armó de valor y salió corriendo a toda velocidad por la calle entró, rápidamente, al auto evadiendo a los policías secretos, quienes no pudieron atraparlo, y Meier aceleró de improviso a fondo con todos en el automóvil, mientras rezaban a Dios pidiendo la liberación de sus almas; se escuchaba el mantra de la Diosa Kali por todos los cielos: "Om Hrim Shreem Klim Adya Kalika Param Eshwari Swaha", y cruzaron el pelotón a toda velocidad, abriéndose paso por el centro de la carretera.

Diez patrullas corrían a sus espaldas, junto a cientos de drones. Al llegar al lugar a 1 kilómetro de la salida de Állos vieron la nebulosa moviéndose, junto a tres patrullas de la policía de Investigaciones de Állos resguardándola, sigilosamente, Johan los había contactado antes para que estuviesen allí a esa hora. Se bajaron presurosos, entretanto la policía de investigaciones con escopetas en manos destruyeron uno por uno los drones,y se enfrentaron a la policía secreta, abriéndoles fuego con pistolas lanza misiles.

Los ocho estaban frente a la nebulosa que era como un fuego abierto en forma de túnel flotante de 5 m de largo y 5 m ancho. Los ocho brincaron cruzando la nebulosa, y fueron absorbidos con fuerza hasta que sus cuerpos son sacados del sueño, y puestos en el mundo real en el país de Állos; luego la nebulosa se cerró con furia para siempre.

Las ocho almas de la cárcel fueron liberadas, y cayeron junto a sus cuerpos a la realidad en el auto de John, en la misma parte a 1 kilómetro de Állos, en el cruce mas, con el auto en dirección contraria a la ciudad, mientras la nebulosa se diseminaba por los aires.

Los tres investigadores que registraban cada uno de los sueños, quedaron sorprendidos al ver que el centro de estudio comenzó a explotar junto a todas sus máquinas, quedando el laboratorio en un par de horas reducido a cenizas.

Mientras los liberados se reunieron con la policía de Állos que estaba fuera del recinto que ardía; fueron reconocidos por ser los desaparecidos, quienes, entretanto contaban lo sucedido, advertían a los policías de Állos que los Investigadores estaban dentro del estudio de la casa, por lo cual, mientras entraban los bomberos a detener el incendio, fueron encontrados in fanganti por los policías, y se los llevaron directo a la comisaria para ser formalizados lo antes posible.

Los siete investigadores habían llegado segundos después de la salida de los enclaustrados de KOI-7665.02; anonadados no encontrando a nadie, entretanto KOI-7665.02 y la nave espacial tripulada comenzó a explotar y llamear como un verdadero infierno en mitad del cosmos, mientras los investigadores y los pilotos se quemaban, corrían por los pasillos en llamas, deseperadamente, y encontrando las puertas se lanzaron a lo profundo del mar, muriendo asfixiados, y no quedando vestigio alguno de ellos ni de KOI-7665.02.

EL JUICIO

Los tres Investigadores más sus 40 colaboradores son detenidos por orden de arresto, imputados formalmente por secuestro y violación del código de Núremberg. El centro de investigación junto a todos sus instrumentos fueron allanados por la policía. Los videos de las cámaras interiores y exteriores del recinto fueron revisados, encontrando evidencias de los 43 imputados en cartas, las cuales dieron todas las pistas para desbaratar el total de la sociedad secreta anónima.

53 inscritos contados como iniciados en sus libros; su sede estaba ubicada en una parcela privada a 20 km hacia Inctus. La organización cumplía el propósito de crear inventos tecnológicos para uso propio.

No se logra identificar un único líder, pero son procesadas tres de las personas más poderosas del planeta. Fueron encontrados todos sus centros espaciales y confiscados sus inventos.

Los tres Investigadores son Seudocientíficos adinerados y fueron condenados a la pena de muerte junto a ocho agentes secretos, los cuales formaron parte del rapto, el resto de los integrantes de la fraternidad fueron condenados a presidio perpetuo.

EL REGRESO A ÁLLOS

Pasado exactamente 1 mes y 1 semana enclaustrados, volvieron a la tierra, cambiando, completamente, sus vidas, centrados en sus sueños y cómo transforman a los demás seres vivos.

Johan volvió al mundo del arte, pero enfocado en la artesanía, además dejó el licor y vendió sus autos. Emanuel se fue de misionero a África. Guillermo dejó la política y se puso a trabajar en un centro de rehabilitación para jóvenes en situación de riesgo. Meier vendió sus empresas agrícolas y se fue a vivir a la India. Kris siguió con sus estudios de derecho mas, de una manera humanitaria. Octavio comenzó a escribir libros de autoayuda. Zoe se puso a trabajar en una casa para ancianos y Suki se dedicó a prestar ayudas al Greenpeace de Állos.

CASAMIENTO MÚLTIPLE

Una vez que fueron liberados, cada uno de los enclaustrados comenzó el regreso hacia sus vidas, y estaban felices.

Johan y Zoe se fueron juntos a casa de Johan donde se reunieron juntos a sus familiares. Zoe se quedó a vivir con Johan y formalizaron su relación. El anillo de compromiso que Johan le compró a Zoe fue un diamante puro de 33,19 quilates, Royal Asscher.

Emanuel fue recibido en la Iglesia junto a toda la congregación, con una cena maravillosa en la noche, en el Hotel Principal de Állos.

59

Guillermo fue recibido por todo el gobierno y su familia, con una gran cena de bienvenida.

Meier fue recibido por toda su empresa, con una gran fiesta de celebración en la hacienda de su fundo.

Kris llegó a casa de sus padres tocó la puerta, y para su sorpresa, se encontró con Anaís y se dieron un gran abrazo, entre lágrimas de gozo, y besos. Luego Kris les explicó a todos en casa lo sucedido, y le pidió matrimonio a Anaís al otro día. Sus anillos fueron de tipo vintage, alianzas de diamantes V5.

Suki invitó a Octavio que vivía solo a su casa, donde los esperaban sus familiares con una bienvenida hermosa. A las dos semanas decidieron casarse. Sus anillos fueron alianzas de Plata 925 con fibra de carbón y madera.

Los ocho mantuvieron el contacto, y se reunían los fines de semana a compartir. Una de esas semanas Johan, Zoe, Kris, Anais, Octavio y Suki estaban comprometidos y decidieron casarse en conjunto.

Fueron casados un viernes al aire libre por Emanuel, quien dirigió la boda rústica, en una fiesta celebrada en el club de golf del fundo de Meier, y junto a los familiares más cercanos de todos, y los padres de Anais que viajaron desde Inctus.

Llegaron los 3 novios vestidos con traje de 5 piezas; Azul marino con corbata Johan. Verde oscuro con corbata Kris. Terciopelo con humita Octavio. Junto a sus tres madrinas, en una limosina Bentley color negro azabache.

Luego llegaron las 3 novias vestidas de trajes amarillos, con cortes de sirenas largos y velos color cadmio; sus Ramos de margaritas, y sus tres padrinos, en una limusina Rolls Royce color blanco perla.

Una vez que todos los invitados estuvieron sentados, entraron los novios y luego las novias, entretanto se entonó la marcha nupcial compuesta por Mozart. Luego se realizó el recuerdo emocionado; las lecturas de familiares y amigos, y la lectura de

60

los artículos del código civil.

Luego del "sí quiero", el intercambio de los anillos, los besos, y de la firma del acta, se procedió a la bendición final y despedida. Las novias lanzaron sus ramos para aventar, y todos se fueron al lugar de celebración del club de golf.

Cenaron Parrilladas de carne, Parrilladas de verduras, Buffet de postres y mini tartas. También había córneres de arroces, sushi, quesos, tortas, jamones, etc., y barras de mojitos; caipiriñas; margaritas; daiquiris; vinos y cava.

A la luz de las estrellas, la fiesta era amenizada con la música en vivo. Meier contrató a Bono de U2 para cantar y corear sus éxitos toda la noche; fue una fiesta mágica y llena de gozo, durando hasta la otra mañana.

Al año de casados Kris y Anais se fueron a vivir a Inctus, y ambos egresaron de derecho, tuvieron hijos y fueron felices hasta el último día de sus vidas.

Johan y Zoe se quedaron en Állos, tuvieron cinco hijos, y vivieron oportunos para siempre juntos.

Octavio y Suki en vez de tener un hijo ambos, adoptaron a un niño huérfano. Octavio dejó su trabajo como bibliotecario y acompañó a Suki para trabajar a tiempo completo por el Greenpeace de Állos, mientras por las noches escribe libros de ayuda personal, y vivieron contiguos y pertinentes hasta el último día de sus vidas.

61

EL FINAL

Emanuel y Meier no volvieron a Állos. Meier tiene un exitoso canal en YouTube, donde comparte sus experiencias espirituales desde la India. Emanuel viaja por los lugares más conflictivos del mundo entregando la palabra de Dios, y cada año les envía postales a sus amigos y a su congregación.

El grupo siguió en contacto enviándose cartas y comunicándose por Internet hasta el último día de sus vidas. Rechazaron homenajes y canales de televisión interesados en difundir su enfática historia.

CAPÍTULO OCHO

"LABRADORES DE LA TIERRA"

LABRADORES DE LA TIERRA

Soñado por Kris

En la tarde luego de la jornada de trabajo diario los cosechadores, campesinos, arrieros, comerciantes, etc., empiezan a llegar a sus hogares, cansados, buscando agua y luego el café, el té, el vino, el pan y la miel. El pescador vuelve desde el acentuado mar con sus redes llenas de los peces y mariscos porque desde lo subterráneo de la tierra nos da Dios el alimento y el sustento.

Algunos como zombis se van directo a la cama, otros como las aves emprenden el vuelo en plegarias dando gracias a Dios por un nuevo día.

En la noche las aves nocturnas de: España, México, Canadá, Inglaterra, Alemania, Sudáfrica, Australia, Israel, Japón e India salen de los bosques como el soñar de cada habitante humano, abrazando la silueta caliente de su dama, empalando el caliente dulzor del pasmo en medio del: verano, otoño, invierno y primavera.

En la oscuridad los solitarios juegan a las cartas, leen, esperan la mañana para degustar su encantamiento, su novedad incesante como cada despertar. Todos entre el frío, vuelven a dar un vistazo al día de la mañana, timoratos y valientes hacemos nuestros trabajos.

El sacador de papas a las seis de la mañana, todavía en lo oscuro se sube a los colosos para llegar a las melgas y sacar el fruto entre terrones de tierra, los mercaderes abren sus supermercados, los pescadores tensan sus redes cuidando sus carnadas como un santo grial, los campesinos se aprestan a abrir los portones a los animales, los niños duermen como si estuvieran en la mejor parte del sueño, y son levantados por sus padres para ir a la escuela.

El profesor desayuna, mientras prepara la materia para la clase de hoy, las dueñas de casa preparan los líquidos aromáticos para limpiar los pisos de las suciedades, los cosechadores de frutas toman sus buses, mientras aún duermen hasta llegar a la empresa. Los envíos llegan a los correos y otros encienden sus vehículos para ir a comprar el desayuno.

A las 11 de la mañana ya está el día en su apogeo, las papas en la canasta, el fruto en las bandejas, el sol vigoroso pega fuerte en las queseras, fluyendo la serosidad humana por el día de trabajo; las secretarias reciben extensos trabajos, mientras se preparan un té caliente, los estudiantes resuelven complejos teoremas y las cocineras ya comienzan a hervir la comida.

En las riberas de los ríos las onduladas aguas ven aparecer los epilépticos peces pescados: Salmones, Merluzas, Congrios; mariscos: Almejas, Ostras, Ostiones, Navajuelas todos en las mallas de lo inconmensurable del mar: Pacífico, Atlántico, Índico, Nórdico, mientras en las barcas ya se preparan para volver con la segunda pesca para ser vendidas en el mercado.

Presurosos los trabajadores calientan sus comidas y descansan un rato; los diversos platos de comida calurosos son servidos en las mesas para cada ser viviente en la tierra, a eso de la una.

Ya queda ponerle frente a la tarde, los cosechadores van terminando sus últimas melgas, los labradores de esta tierra ya se aprestan para volver, definitivamente, a descansar, es hora de regresar a casa, nuevamente, y todos van vislumbrando el fin de semana aproximar.

Los alcohólicos del bar aún están desde ayer, y esperan pernoctar bebiendo sidra como si no existiera otro día, pero la libertad se glorifica en las estrellas. Los animales ya están, nuevamente, guardados luego de haber comido pasto tierno de los campos crujientes y vírgenes; la mercadería descansa fresca, refrigerada, desmenuzados los peces, las papas en sus sacos; los estudiantes han aprendido sus materias, y toda la naturaleza espera entusiasmada un nuevo amanecer.

LOS HUMILDES Y LOS SOBERBIOS

Soñado por Guillermo

Días trabajando para mantenernos a salvo junto a mi familia, junto al mundo. Solo espero que la sensibilidad de cada pétalo de una rosa nos sirva de ejemplo para opinar, sensiblemente, desde Alaska a Tierra del Fuego con la fuerza del tiempo impetuoso y respetuoso para ser esta flor un ejemplo de nuestra humanidad, y no caer en manos del azaroso rol de los gobernantes que, cuan físicos cuánticos dictan leyes animales para seres, netamente, espirituales, humanos y sensibles.

Sin ánimo de ofenderlos los bendigo, prometo sus ojos serán abiertos y podrán interpretar bien lo que digo; pues sus oídos no parecen escuchar el poder del pueblo. Con el afán de sentirse poderosos lanzan blasfemias como escudo para mancillar más sus vestiduras de oro que distan de su valor como toda piedra preciosa en lo hondo del mar; embargados de materiales; sobrevalorados símbolos que cobran valor para los bondadosos en la otra vida.

Todavía no es tarde para recapacitar porque quedaran despojados de todo, y los humildes y bondadosos recibirán el fuego del espíritu santo.

Por aquello el pueblo debe luchar para servir. Por eso yo escribo estos sueños como conexiones, como pasos de cebras para que la humanidad cruce sin problemas por la vida.

Sueño yo para el hombre pobre, el hombre que gana dos centavos toda una jornada y no lanzan insensatos cohetes hacia la nada, tratando de escapar a la luna sin Dios a base de inteligencia, tratando de alcanzar los cielos como Nemrod y causando confusiones; mientras nosotros de nuestras dificultades buscamos la sabiduría en Dios sabiendo, cabalmente, que la divinidad está con los pobres.

Soy solo un vaso de barro que cree en el humilde, cambiando todas sus congojas en el paraíso por perlas preciosas, recubiertos de gloria y vida eterna, lo que muchos acaudalados en vida terrenal jamás ganarán en monedas de plata.

Sueño para los muchachos pobres del planeta: cuiden excelsamente su mente, aprovechen su inteligencia, jueguen la vida con ingenio, no acepten las injusticias, y esperen las recompensas de esta tierra más viva que nosotros mismos.

Por aquello mucho después de la humanidad seguirá rotando, bailando, girando, preparando el cimiento de los que duermen, rítmicamente, en paz como señal para nuestros espíritus que jamás algo detiene su resurrección en el cosmos.

Reiremos de nuevo en el paraíso como actores en una nueva historia como mirar un ave volando por los cielos libres así serás, y alguna vez alcanzaras el poder de Dios como un gran relámpago de luz eterna, empapándose todo tu ser encontrarás el camino hacia el triunfo y la paz con calles de oro y mar de cristal, síguelo hasta el fin que está lleno de bendiciones.

Y en esta tierra nunca pierdas la fe que mueve montañas mas, no sigas el camino de regreso de los ladrones al infierno, entre rejas, sigue adelante por el camino dejando atrás cada esclavitud, encontrando en el mismo un nuevo aire hacia un reino para vivir en armonía, eternamente.

65

LA MAJESTUOSA ÁGUILA ABRE SUS ALAS

Soñado por Johan

El sonido de la oscuridad retumba frente a las rocas, mi cuerpo siente la necesidad de ser aquella ave que vuela por los cielos, el sueño libre, el candor que vemos a cada momento me estremece.

Pobre humano atrapado en recuerdos de engañosos galardones; vuelo por el cielo estrellado no hay nada a mi alrededor, distante de cada problema de la vida, voy cruzando los suspiros del viento hacia a donde respira aliviado de su carga.

Las luces de libertad estallan por otro cielo, soy otro ser, al fin las estrellan han bailado ante mi pluma, se unen al vuelo dieléctrico de la luz atronadora, salta ante el estruendo, juguetea ante la cima, brinco entre estos pendientes, grito de esperanzas, y las esparzo por el universo.

Las exclamaciones todas atrás, me quedo quieto, vuelo como sollozando, no existen las palabras para describir el sonido y la sensación de armonía.

Siento como fuego entre mis huesos y todos los animales corren hacia el sol rojo en movimiento, sangran, corren como torrentes de agua activa; somos libres de las ataduras de este mundo y por fin sus cantos, sus aullidos, alzan el cielo como si fueran resucitados; abrazan las alas de Dios, quien abre sus majestuosas puertas como el águila real por los paraísos, y la Trinidad que es nuestro corazón, nos invita a los humanos a volar por las alturas infinitas de las existencias todas pasadas, presentadas como un plano abierto.

Solo importa este sentimiento en el aire despedido de sí mismo; comienza la época añorada de lo majestuoso, el cuerpo cae muerto sin sufrimiento, es la hora de ser libre y Dios se queda a nuestro lado guardando nuestro corazón entre las rocas. Otra vez me llaman al cielo en este eterno precioso regreso de libertad; todos fuimos liberados de nuestras cadenas.

El Diablo es noqueado por Dios en el infierno, y Satán muere para siempre; todas las especies vuelan por los cielos amarillos, fulgurosos, absortos de vida eterna ¡cantamos una gran canción siempre nueva!

MAÑANAS OTOÑALES

Soñado por Zoe

Días otoñales y cientos de pajaritos tintinean tras las ventanas, jubilosos en las mañanas tras los cerros y las montañas. Las brisas del mar al sur liberan nuestros sentidos, vientos que dan ganas de tener alas para volar sus aires, profundamente, con las aletas extendidas a nudos de altura.

Ganas de escapar del universo en su punta e invitar a las nuevas almas para nacer en el esplendor de este otoño; perseguirlo hasta el cansancio como el sol una jornada tras otra; viajando por todos nuestros horizontes, soñando las mañanas todas en una noche, con las gemas maravillosas de este paisaje indescriptible.

CORTO INVIERNO

Soñado por Meier

Se aleja el magno verano del invierno como nuestros años en estos hielos hondos han dejado recuerdos imborrables llenos de alegrías en caudales de nubes, esperando llorar de éxtasis infinito. Humedad del bosque, y musgos que son madera, una especie de cura destruyendo las llagas lacerantes del mismo humo del carbón y del fuego. Los campos están a salvo con fardos guardados en las bodegas santas.

El frío de la mañana deja soltar nuestras alas entumecidas, los truenos suenan como jubilosos cánticos en el cielo, nos enaltecemos ante de las horas, tranquilos como en el paraíso, perdemos y recuperamos la cumbre, el punto de equilibrio bajo nuestros pies.

Debajo del sol trabajé al son de la suave hacha, rompiendo troncos de madera, dejando montañas de leña para el resto del año. Se necesita encender temprano el fuego en la mañana para temperar, y se hacen cortas las horas de trabajo. Con frío el almuerzo parece más caliente que en el verano, y los cientos de sabores inundan nuestra cabeza de nutrimentos; la once llega iracunda con la madre friendo buñuelos.

Y sigue resonando el invierno hasta agosto, alimentando bienaventurado la flora, mientras los árboles avistan florecidos de pureza la primavera. Algún día de sol en el invierno me encuentra mojado y le digo también ¡galanuras! Y el silencio tras la lluvia nos mima ¡el agua bendita nunca se acaba!

ES HERMOSO PINTAR NUBES EN LA ÉPOCA DE FIERRO DE LA PINTURA

Soñado por Johan

Zoe es hermoso pintar nubes, es tierno solfear teclas en el xilófono como lo hace un cisne en el lago. Es perfecto girar la luna, ver crecer los nogales, es maravilloso poder ver tu imagen en mi cerebro e imaginar que te sueño en mi imaginación como una medusa en mediodía, alimentándose bajo el océano insondable

Es hermoso amarte, hacer linaje y cantar canciones veinteañeras, soñando con buenos suspiros ciertos al viento, arrebolando la tormenta seca en el trópico de la mente, de innumerables núcleos de profundidad.

Solo te puedo decir que estoy enamorado de vivir de esta forma. A verte cercana pintar nubes en este viaje, dejando bellos recuerdos plasmados con toda nuestra alma, rápidos en el acto de flechar o dar pinceladas.

Me gustaría saber: si te soñé en el siglo de fierro de la pintura, sin importarnos el oro; me encantaría saber: si nos amamos en el siglo más frío del amor, sin importarnos el tiempo.

LA BIBLIOTECA ESTELAR

68

Soñado por Octavio

Soy el bibliotecario en una biblioteca estelar, ordenando libros por autor, los solicitan por curiosidad y necesidad. Un oscuro libro tengo en mis manos, un libro como un gato negro con agigantados ojos amarillos y saltones. Busco otro libro y lo encuentro, lo pide un joven atormentado para poder pasar de curso, tiene puros rojos en lenguaje, y está en el abismo más encima el libro resumido lo encuentra aburrido no le gusta el libro dice desalentado, yo le doy ánimo que se puede salvar con ingenio.

Los niños llegan después de clases, a las cinco de la tarde a ocupar Internet; la diversidad es la bandera en la biblioteca estelar. Biblias y comentarios bíblicos de varias religiones, relatos eróticos, etc.

El repartidor me trae más diarios para un joven alucinado que hace sus tareas de artes, su proyecto de obras completas; un malogrado collage con las caras del diario de hoy; las recorta con un cúter como un asesino apuñalándole la cabeza a una víctima; recorta la Monroe en las sábanas del Mercurio, recorta presidentes, y los embetuna con pegamento.

Otro joven cabizbajo se me allega a la oficina, quiere leer un libro, y yo le respondo poéticamente: "¡entre el tiempo reunido, en un día cualquiera, revisa los estantes que todos los autores te buscan como cerebros codificados en hojas escaneadas!". Me mira pensando que estoy chiflado, pide un libro encuadernado a mano, son las obras completas de un escritor de la zona.

Se retiran siempre a casa los bibliotecarios con sus maletines mas, los autores siempre esperan arduos de trabajo ignominioso, no duermen, cierran sus puertas a las siete de la tarde, abren a las nueve de la mañana.

En la noche los libros también cierran y abren los ojos del cielo azulado y de las estrellas que se acoplan al sol en la mañana, hundiéndose en las raíces de la lluvia, absorbiendo los nutrientes del mañana en las hojas de aquellos bosques pintados al lado de su realidad de libros, mirándose de reojo sin hablar como en otro lenguaje; meditando con el susurro de la verdad y del camino terminado, son las músicas de un recuerdo en paz.

Se cierran en ellos todas las hojas del universo, y yo cierro con candado la biblioteca estelar que se hace diminuta al lado de todas las obras, siempre abriendo límites.

CAPÍTULO NUEVE

"CUIDANDO LOS SUEÑOS"

EL SOPLO DE LA MÚSICA

Soñado por Zoe

La música se transmite a través del aire, este aire es impulsado por ondas sonoras, si bien estas partículas no se transmiten, directamente, formando una especie de muro, entre música y audio escucha, la energía musical comunica señales nerviosas que llegan a nuestro cuerpo, liberando entre esas, la glándula del placer: la Dopamina.

También ejerce su influencia en el corazón, y en nuestra forma de ser, estimulando aquellas partes dormidas en nuestro cerebro, evocando recuerdos.

Sabemos que el lenguaje es sonoro, pero no existe arte transmisor mayor de la esencia de nuestras almas como la música. Pero ten ojo con lo que escuchas que te pueden llevar a una depresión o a una obsesión.

LA MAÑANA ES MÁS AGRADABLE ESCUCHANDO MÚSICA

Soñado por Suki

La mañana se hace más dulce con la música para bailar. Con un rock rápido junto al movimiento de nuestras manos, encontramos el ritmo escondido del tiempo, descubierto por aquellos pacientes músicos arañando sus arpas, guitarras y coléricos cánticos como lobos ante la presencia de la luna; aullamos todos en ellos, y nos liberamos como la corriente del río nadando, y escapando por todo el cosmos.

Sueño con el cuerpo y mente, limpia, luego de meditar mas, no espero ensuciar tu casa, sino devolver a su sitio los hermosos pétalos de las rosas, de las cuales nacieron estos filamentos de madera.

Flor trasplantada como un fuelle que se abre desde el norte hacia el sur para que los seres más solitarios a orillas del mar presencien su hermosura y no se lancen al mar para morir más aún sean parte de una banda hermosa de música, alegrando los corazones de cada habitante solitario del país.

LOS DERECHOS DE AUTOR

Soñado por Suki

Es hermoso cuando despojas los derechos de autor para ser dos escritores en un solo cuadro amándose, para dejar los derechos en libertad.

No seamos nada más que una sola alma, encontrados en un jardín sin distancias e iguales y diferentes; dándonos pasión desenfrenada; palabras de amor, mientras a cada instante y cada cabalgarte en nuestro lugar sin nervio, hacemos lo que queremos ya sin tiempos porque ¡quebrantamos uno a uno los derechos de autor de la vida y de la muerte!

LA TRISTEZA ES UNA ALEGRE CANCIÓN ESPERÁNDOTE

Soñado por Zoe

Cuando sientas dolor, escucha las melodías hermosas de las aves que están sobre las más altas cumbres recibiendo los más fulgurantes rayos del sol y cantando sus canciones profundas llenas de alegrías; liberando el dolor del mundo de las almas afligidas.

Los corazones atrofiados se liberan, la respiración es la correcta en aquellos erguidos y meditativos árboles inmensos ¡con todas sus raíces abiertas, con todos sus picos abiertos!

CUANDO LLEGA LA LUZ

Soñado por Suki

Cuando se corta la luz, sientes recién allí que debes apreciarla, amas las baterías, enciendes velas, esperas llegar los chisporroteos eléctricos iluminando la alcoba y la casa.

Cuando la luz llega esa sensación de esperanza como si fuera la llegada de una idea brillante y nueva que cambiará nuestras vidas, y esa liberación al apagarla para su descanso.

Bendita luz ilumina todos los senderos oscuros de este cosmos, seca cada una de las lágrimas y las heridas más complejas.

Eres la esencia magna de la naturaleza superior ¡Dios luz potente mantenme a tope, llena toda mi sangre con tus rayos fluyendo por mi cuerpo como manantiales de fuego vivo!

Mi Dios amado, luz eterna, ilumina cada paso que damos, ilumina cada cosa que yo toque, ilumina también al que recibe y que se transforme en un circuito infinito de poder, de sanación y liberación.

Mi ser espera tu fuego ¡oh sol, oh estrellas!

Te esperamos bajo la lluvia sedientos para ver tu lámpara encendida bajando a lo profundo de nuestra alma, y tus millares de ángeles sanándonos de todos nuestros relentes, vacíos y oscuridades.

PELEANDO POR LOS SUEÑOS

Soñado por Emanuel

El Primer asalto

Lo que rima con poesía sigue maravillosas cancioncillas, lo dijo en su sátira roja, lo noqueó con su coloquio. Degollado enemigo pienso en ti, mientras recibo y doy golpes palaciegos, uno va directo a sus membranas.

Al caer a la Lona, él me alcanza a dar un gancho en el aire, las llamaradas de mi cabeza son tumores sonetos. Suena la campana como un tren desesperado en llamas, ruge mi pasión como león enjaulado y cada uno se va a su costado como un buen soldado.

73

Cimbra sus barbillas, brillan, se me acurrucó la chiquilla que viene de Mellicilla, golpe en las sienes, devuelvo el demonio a su intemperie; golpe en plena mejilla, chapuzones de sangre en las orillas, saltamontes gritan palabras, y de vuelta a la silla soy una rima.

Suenan mis golpes, el réferi entró con camillas, si no tiene ese imán no puede pelear contra Jehová, le sigo pegando, me cojo toda su vida, sus esquinas, sus rimas.

El Segundo asalto

La nada junto a la procrastinación me llaman, quieren mi título mundial y está en llamas, miran mi ficha técnica las musarañas; peleamos desde la mañana y en la tarde temprano no me dicen nada, oculta sus puñaladas y son descalificados por usar patrañas.

Me llenan de urgencias estoy en cama y no me sucede nada, ellos mueren en la entrada, sigo peleando con el título de mi Gama; los retos a una lucha callejera, con armas y espadas, llegan tarde con pistolas de agua, se hacen los chistosos y son los perros que persiguen mi alma adelantada.

El réferi da la segunda partida y nos estudiamos, yo no estudio y como un Lince me lanzo a romper sus risotadas; no pueden hacer nada, mis movimientos son más rápidos que la dama, está sangrando en las gradas, quedaron tirados esperando sus últimas corazonadas no llegaron y no le queda nada, lo he noqueado y, por fin ya no hay nada, suena la última campanada, levanto mis manos ¡he conquistado la hazaña!

CUÍDAME

Soñado por Suki

Guarda estas letras Dios como si fueran la fuerza constante de toda la humanidad, la voz de los pobres; cubre estas piezas con tu poder y libra mi figura de los malos.

Cuídame tu lector que me han tratado de lo peor, cuídame lector de la fragilidad, encuentra la profundidad de mis palabras que estoy dolida y distraída.

Guárdame de la ociosidad de desaparecer, guárdame de la escoria, dame una historia perfecta junto a mi Állos soñado donde he crecido correctamente, sin beber licor y extasiado su tierra.

Guarda mi lamento guarda mi todo, mi ser, mi cuerpo, como si fuese un recién nacido; cuídame como si fuese un huérfano extranjero; cuidarme de caer en las palabras mal dichas; vida cuidarnos a todos.

Dios siento tu esplendor de gloria en hermosos sueños, en sueños grandes e imperiosos de honestidad y de fragilidad; humildad dame cariño sin traza, sin piel ¡cuídame que me han avergonzado!

CUIDANDO LOS SUEÑOS

Soñado por Octavio

La madrugada le tomó por sorpresa, se había quedado dormido en pleno corazón del atlántico en un resto bar; su memoria ya era escasa, sus ojos solo veían pinceladas de oro. En su juventud Emanuel fue pescador artesanal y aún recordaba fragmentos de su juventud. Comía un pejerrey cuando una espina cruzó su tórax.

Las afluencias del mar Egeo lo hacen salir a navegar para cantarles a las sirenas en las fuentes del estero Entus, con su candelabro de fuego se deleita por el norte, los remos sumergidos sucumben ante el suave oleaje, él cuida el límite de todos estos sueños.

FIN

AGRADECIMIENTOS A: BLURB.

"ÁLLOS"

UNA NOVELA

ESCRITA POR:

JONATHAN HERMOSILLA AMTHAUER ©

Edición terminada de escribir en ENERO DE 2021.

CPSIA information can be obtained
at www.ICGtesting.com
Printed in the USA
BVHW060735121022
649159BV00005B/288